国外食品

立法 50 年

欧盟药品监管法律法规纲要

——原则、程序、体系及一般药品规制

编译 郭 薇

中国医药科技出版社

图书在版编目（CIP）数据

立法50年：欧盟药品监管法律法规纲要：原则、程序、体系及一般药品规制 / 郭薇编译. — 北京：中国医药科技出版社, 2017.12

（国外食品药品法律法规编译丛书）

ISBN 978-7-5067-9259-2

Ⅰ. ①立… Ⅱ. ①郭… Ⅲ. ①欧洲联盟 – 药品管理法 – 研究 Ⅳ. ①D950.216

中国版本图书馆CIP数据核字(2017)第088314号

注

扫描书中二维码，可阅读英文原版

美术编辑　陈君杞
版式设计　大隐设计

出版　中国医药科技出版社
地址　北京市海淀区文慧园北路甲 22 号
邮编　100082
电话　发行：010–62227427　邮购：010–62236938
网址　www.cmstp.com
规格　710 × 1000mm $^{1}/_{16}$
印张　18 $^{1}/_{2}$
字数　216 千字
版次　2017 年 12 月第 1 版
印次　2017 年 12 月第 1 次印刷
印刷　三河市国英印务有限公司
经销　全国各地新华书店
书号　ISBN 978-7-5067-9259-2
定价　48.00 元

国外食品药品法律法规
编译委员会

本书编委会

编 译　郭　薇

校　对（按姓氏笔画排序）

李　光（黑龙江工程学院外语系）

郭　薇（中共辽宁省委党校）

序

　　食品药品安全问题，既是重大的政治问题，也是重大的民生问题；既是重大的经济问题，也是重大的社会问题。十八大以来，我国坚持以人民为中心的发展思想和"创新、协调、绿色、开放、共享"的五大发展理念，全力推进食品药品监管制度的改革与创新，其力度之大、范围之广、影响之深，前所未有。

　　党的十九大再次强调，全面依法治国是国家治理的一场深刻革命，是中国特色社会主义的本质要求和重要保障。法律是治国之重器，良法是善治之前提。全面加强食品药品安全监管工作，必须坚持立法先行，按照科学立法、民主立法的要求，加快构建理念现代、价值和谐、制度完备、机制健全的现代食品药品安全监管制度。当前，《药品管理法》的修订正在有序有力推进。完善我国食品药品安全管理制度，必须坚持问题导向、坚持改革创新、坚持立足国情、坚持国际视野，以更大的勇气和智慧，充分借鉴国际食品药品安全监管法制建设的有益经验。

　　坚持食品药品安全治理理念创新。理念是人们经过长期的理论思考和实践探索所形成的揭示事物运动规律、启示事物发展方向的哲学基础、根本原则、核心价值等的抽象概括。理念所回答的是"为何治理、为谁治理、怎样治理、靠谁治理"等基本命题，具有基础性、根本性、全局性、方向性。理念决定着事物的发展方向、发展道路、发展动力和发展局面。从国际上看，食品药品安全治理理念主要包括人本治理、风险治理、全程治理、社会治理、责任治理、效能治理、能动治理、专业治理、分类治理、平衡治理、持续治理、递进治理、灵活治理、国际治理、依法治理等基本要素。这些要素的独立与包容在一定程度上反映出不同国家、不同时代、不同阶段食品药品安全治理的普遍规律和特殊需求。完善我国食品药品安全管理法制制度，要坚持科学治理理念，体现时代性、把握规律性、富于创造性。

坚持食品药品安全治理体系创新。为保障和促进公众健康，国际社会普遍建立了科学、统一、权威、高效的食品药品安全监管体制。体制决定体系，体系支撑体制。新世纪以来，为全面提升药品安全治理能力，国际社会更加重视食品药品标准、审评、检验、检查、监测、评价等体系建设，着力强化其科学化、标准化、规范化建设。药品安全治理体系的协同推进和持续改进，强化了食品药品安全风险的全面防控和质量的全面提升。

坚持食品药品安全治理法制创新。新时代，法律不仅具有规范和保障的功能，而且还具有引领和助推的作用。随着全球化、信息化和社会化的发展，新原料、新技术、新工艺、新设备等不断涌现，食品药品开发模式、产业形态、产业链条、生命周期、运营方式等发生许多重大变化，与此相适应，一些新的食品药品安全治理制度应运而生，强化了食品药品安全风险全生命周期控制，提升了食品药品安全治理的能力和水平。

坚持食品药品安全治理机制创新。机制是推动事物有效运行的平台载体或者内在动力。通过激励与约束、褒奖和惩戒、动力和压力、自律和他律的利益杠杆，机制使"纸面上的法律"转化为"行动中的法律"，调动起了各利益相关者的积极性、主动性和创造性。机制的设计往往都有着特定的目标导引，在社会转型期具有较大的运行空间。各利益相关者的条件和期待不同，所依赖的具体机制也有所不同。当前，国际社会普遍建立的食品药品分类治理机制、全程追溯机制、绩效评价机制、信用奖惩机制、社会共治机制、责任追究机制等，推动了食品药品安全治理不断向纵深发展。

坚持食品药品安全治理方式创新。治理方式事关治理的质量、效率、形象、能力和水平。全球化、信息化、社会化已从根本上改变经济和安全格局，传统的国际食品药品安全治理方式正在进行重大调整。互联网、大数据、云计算等正在以前所未有的方式改变着传统的生产、生活方式，而更多的改变正在蓄势待发。信息之于现代治理，犹如货币之于经济，犹如血液之于生命。新时期，以互联网、大数据、云计算等代表的信息化手段正在强力推动食品药品安全治理从传统治理向现代治理方式快速转轨，并迸发出无限的生机与活力。

坚持食品药品安全治理战略创新。战略是有关食品药品安全治理的全局性、长期性、前瞻性和方向性的目标和策略。国家治理战略是以国家的力量组织和落实食品药品安全治理的目标、方针、重点、力量、步骤和措施。食品药品安全治理战略主要包括产业提升战略、科技创新战略、行业自律战略、社会共治战略、标准提高战略、方式创新战略、能力提升战略、国际合作战略等。食品药品管理法律制度应当通过一系列制度安排，强化这些治理战略的落地实施。

坚持食品药品安全治理文化创新。文化是治理的"灵魂"。文化具有传承性、渗透性、持久性等。从全球看，治理文化创新属于治理创新体系中是最为艰难、最具创造、最富智慧的创新。

食品药品安全治理文化创新体系庞大，其核心内容为治理使命、治理愿景、治理价值、治理战略等。使命是组织的核心价值、根本宗旨和行动指针，是组织生命意义的根本定位。使命应当具有独特性、专业性和价值性。今天，国际社会普遍将食品药品安全治理的是使命定位于保障和促进公众健康。从保障公众健康到保障和促进公众健康，这是一个重大的历史进步，进一步彰显着食品药品监管部门的积极、开放、负责、自信精神和情怀。

中国的问题，需要世界的眼光。在我国药品安全监管改革创新的重要历史时期，法制司会同中国健康传媒集团组织来自监管机构、高等院校、企业界的专家、学者、研究人员陆续翻译出版主要国家和地区的食品药品法律法规，该丛书具有系统性、专业性和实用性、及时性的特点，在丛书中，读者可从法条看到国际食品药品治理理念、体系、机制、方式、战略、文化等层面的国际经验，期望能为我国食品药品监管改革和立法提供有益的参考和借鉴。

焦 红

2017 年 12 月

前言

2015 年标志着欧盟医药立法实施 50 周年，其始于"沙利度胺药害事故"(Thalidomide disaster) 之后颁布的 1965 年欧盟第65/65 号指令。

欧盟人用药品法律框架用于确保高标准的药品质量和安全，并力图以鼓励创新和竞争的举措推动欧盟市场健康运行。这一框架的基本原则是：仅在主管部门授予上市许可后，方可将药品投放市场。

自 20 世纪 60 年代以来，由于上市许可，授予要求日趋一致，大量立法围绕这一原则得以制定并开始在整个欧洲经济区实施。

如今，药品可以由欧盟委员会集中授予许可，也可以由各成员国主管部门分别许可。1995 年，欧洲药品管理局得以建立，其既可以强化集中审批程序又有助于支持各国主管部门之间的协作，是欧洲药品网络的枢纽，这一网络包含 40 多个国家的监管部门，用于确保欧盟境内药品科学评估信息的经常性交流和无间断流通。

欧盟法律框架绝不会停滞不前。恰恰相反，其初创之时就雄心勃勃地试图改善自身功能或克服自身缺陷，从而确保在使新药尽早可及与保证其质量和安全的高标准之间取得合理平衡。而且，过去的 50 年里，科学得到迅猛发展。新技术（的出现）以及对疾病的进一步认知带来了新概念的引入或对现有诊疗方法的重塑，这些现象都随之在立法中有所体现。

医药领域的特点是具有很多纲领性文件，这些纲领旨在帮助和支持应用欧盟法律框架的主要参与者。然而，若脱离基本法律，这些纲领性文件就是一纸空谈。

　　想要理解欧盟药品法律框架，首先需要了解立法本身适用条款。本书把最新版本的人用药品主要法律文件整理到一起，希望对读者有所帮助。它为利益相关者，尤其是医药行业、监管机构、执业律师以及感兴趣的公民、患者和医疗保健专业人士提供了非常有益的信息。

　　本书如实反映了 2015 年 1 月 1 日前生效的法律。

编者

2017 年 11 月

编译说明

　　欧盟药品监管法律法规框架一直是与美国药品监管法律法规并驾齐驱的立法典范。从 1965 年第 65/65 号指令开始至 2015 年，欧盟医药立法已走过整整 50 年，形成了以指令、法规、规范、技术指南为主要形式的法律框架，对药品上市许可的授予、变更、暂停、撤销以及上市后的生产、宣传、批发分销、远程销售、药物警戒等进行全生命周期的监管。在这一法律框架的规范下，以欧洲药品管理局为核心的欧盟药品监管网络日渐形成，这一网络至今已涵盖 40 多个国家的药品监管部门，为欧盟药品市场的规范运行作出了重要贡献。欧盟药品监管法律法规框架主要由三个层面构成：第一层面包括指令 (Directives) 和法规 (Regulations)，一般由欧洲议会和欧盟理事会颁布实施，少部分由欧盟委员会颁布实施；第二层面主要包括药品注册管理程序和 GMP 指南，一般由欧盟委员会颁布实施；第三层面主要包括技术指南和法规解释，一般由欧洲药品管理局颁布实施。本套丛书主要涉及第一层面的法律框架。

　　欧盟药品监管法律法规框架的最大特点在于"集权"与"分权"并存：一方面，药品既可以由欧盟委员会集中授予许可，也可以由各成员国主管部门分别授予许可，除生物制品、前沿药品、罕见病药品等需要强制执行集中审批的药品外，欧盟药品监管法律法规框架也为不要求执行集中审批的药品提供了多种上市的可能和欧盟互认的通道；另一方面，"集权"表现为类似于法规、指令等一般法律框架和药品监管规则由欧洲议会和欧盟委员会制定，"分权"则表现为现场检查工作由各国药品管理部门分别实施。得当的集权与分权设计使得欧盟在药品监管领域取得了巨大成功，为我国提供了良好借鉴，这也是编译本书的初衷。此外，本书编译之时恰逢我国新一轮《药品管理法》修订之际，更加凸显了其重要意义。

为使条理更加清晰，译者将《立法 50 年：欧盟药品监管法律法规纲要》原书编为上下两册：上册是欧盟药品监管的纲领性文件，主要针对药品规制的一般原则、程序及体系，单独编译成册；下册主要针对孤儿药、儿童用药、前沿药品等特殊药品规制的原则、程序及体系，整合编译成册。全书从六个部分对药品上市许可申请的标准、规范、程序及许可后的变更、药品安全性和有效性规制等作出了全面细致的规定。同时，也对欧洲药品管理局的职责、财务、法律责任等进行了严格规定。翻译中术语以及专业名词以全国科学技术名词审定委员会公布的名词、《药品生产质量管理规范（2010 年修订）》的英文版以及相关法律法规使用的术语为准。药物名称以《中华人民共和国药典》2015 年版、《中华人民共和国临床用药须知》2015 年版和现行版《中国药品通用名称》为准。译文中的"欧洲药品评价局 / 评价局""欧洲药品管理局 / 管理局"四个词汇均代表同一机构。不同译法的原因在于：① 2004 年 3 月 31 日第 726/2004 号 (EC) 法规将欧洲药品评价局（European Agency for the Evaluation of Medicinal Products，EMEA）更名为欧洲药品管理局（European Medicines Agency，EMA）。因此，在此日期前颁布的法规指令使用的是 EMEA 的称谓，此日期后使用的是 EMA 的称谓。鉴于此，根据原文，此前的文件均译为欧洲药品评价局，此后的文件译为欧洲药品管理局（欧洲药品评价局这一名称主要出现在罕见病药品一章中）；②管理局或评价局是二者的简称。

本书从接受委托至全书定稿历经半年，共经过四轮交叉校对和修订，编译过程中多次向上海市第九人民医院的程丽英医生、辽宁省肿瘤医院的许伟主任药师、辽阳市中心医院的吕春月医生咨询，并在译文校对的部分得到了黑龙江工程学院外语系李光老师及沈阳市浑南国际新兴产业园区管委会经济发展处周大伟副处长的大力帮助。在此，对以上人员表示衷心感谢！同时，感谢我的科研助理胡虹、周晓柳、王微、林杉、杨红军等人在本书编译过程中的辛劳工作！更要谢谢我的丈夫许广铭对我科研工作的理解与支持，本书能够尽早完成，得益于他的付出和成全！

最后，译者寄希望于本书可以为中国新一轮《药品管理法》的修订略尽绵薄之力，也希望其有助于医药界从业人员及致力于药品监管研究的人员。由于时间、能力有限，全书终稿仍不完善，疏漏之处敬请各界专家斧正！

目录

欧洲议会和欧盟理事会与 2001 年 11 月 6 日颁布的关于人用药品欧洲共同体规范颁布的第 2001/83 号（EC）指令

第 2001/83/ 号 (EC) 指令依次包括以下修正案和勘误表：

欧洲议会和欧盟理事会于 2003 年 1 月 27 日颁布的第 2002/98 号 (EC) 指令

OJ L 33, p.30, 8.2.2003

2003 年 6 月 25 日颁布的与欧洲经济区 (EEA) 相关的欧盟委员会第 2003/63 号 (EC) 指令

OJ L 159；p.46, 27.6.2003

欧洲议会和欧盟理事会于 2004 年 3 月 31 日颁布的第 2004/24 号 (EC) 指令

OJ L 136, p.85, 30.4.2004

欧洲议会和欧盟理事会于 2004 年 3 月 31 日颁布的第 2004/27 号 (EC) 指令

OJ L 136, p.34, 30.4.2004

欧洲议会和欧盟理事会于 2006 年 12 月 12 日颁布的第 1901/2006 号 (EC) 法规

OJ L 378, p.1, 27.12.2006

欧洲议会和欧盟理事会于 2007 年 11 月 13 日颁布的第 1394/2007 号 (EC) 法规

OJ L 324, p.121, 10.12.2007

欧洲议会和欧盟理事会于 2008 年 3 月 11 日颁布的第 2008/29 号 (EC) 指令

OJ L 81, p.51, 20.3.2008

欧洲议会和欧盟理事会于 2009 年 6 月 18 日颁布的与欧洲经济区 (EEA) 相关的第 2009/53 号 (EC) 指令

OJ L 168, p.33, 30.6.2009

2009 年 9 月 14 日颁布的与欧洲经济区 (EEA) 相关的欧盟委员会第 2009/120 号 (EC) 指令

OJ L 242, p.3, 15.9.2009

欧洲议会和欧盟理事会于 2010 年 12 月 15 日颁布的与欧洲经济区 (EEA) 相关的第 2010/84 号 (EU) 指令

OJ L 348, p.74, 31.12.2010

欧洲议会和欧盟理事会于 2011 年 6 月 8 日颁布的与欧洲经济区 (EEA) 相关的第 2011/62 号 (EU) 指令

OJ L 174, p.74, 1. 7. 2011

欧洲议会和欧盟理事会于 2012 年 10 月 25 日颁布的与欧洲经济区 (EEA) 相关的第 2012/26 号 (EU) 指令

OJ L 299, p.1, 27.10.2012

更正 OJ L 087, 31.3.2009, p.174 (1394/2007)(1394/2007)

更正 OJ L 276, 21.10.2011, p.63(2010/84)

欧洲议会和欧盟理事会，

鉴于建立欧洲共同体的《公约》，尤其是其中第 95 条之规定，

鉴于欧盟委员会提出的建议，

鉴于欧洲经济和社会委员会提出的意见，

依据《公约》第 251 条规定的程序采取行动。

鉴于：

(1) 欧盟理事会 1965 年 1 月 26 日颁布的第 65/65 号 (EEC) 指令（类似于依据药品法律、法规或行政措施制定的规定）、欧盟理事会 1975 年 5 月 20 日颁布的第 75/318 号 (EEC) 指令（类似于各成员国制定的关于专利药品检测的分析、药物毒理学及临床标准与方案方面的法律）、欧盟理事会 1975 年 5 月 20 日颁布的第 75/319 号 (EEC) 指令（类似于依据法律、法规或行政措施制定的专利药品规定）、欧盟理事会 1989 年 5 月 3 日颁布的第 89/342 号 (EEC) 指令（扩大了第 65/65 和 75/319 号 (EEC) 指令的范围，并且制定了包含疫苗、毒素或血清和过敏源的免疫药品附加规定）、欧盟理事会 1989 年 5 月 3 日颁布的第 89/343 号 (EEC) 指令（扩大了第 65/65 号和 75/319 号 (EEC) 指令的范围，并且制定了放射性药物附加规定）、欧盟理事会 1989 年 6 月 14 日颁布的第 89/381 号 (EEC) 指令（扩大了第 65/65 号和 75/319 号 (EEC) 指令的范围，类似于依据法律、法规或行政措施制定的药品规定），并制定了人源血液或血浆制品的特别规定）、欧盟理事会 1992 年 3 月 31 日颁布的有关人用药品分销的第 92/25 号 (EEC) 指令、欧盟理事会 1992 年 3 月 31 日颁布的有关人用药品分类供应的第 92/26 号 (EEC) 指令、欧盟理事会 1992 年 3 月 31 日颁布的有关人用药品

标签和包装说明书的第 1092/27 号 (EEC) 指令、欧盟理事会 1992 年 3 月 31 日颁布的有关人用药品广告的第 92/28 号 (EEC) 指令、欧盟理事会 1992 年 9 月 22 日颁布的第 92/73 号 (EEC) 指令（扩大了第 65/65 号和 75/319 号 (EEC) 指令范围，类似于依据法律、法规或行政措施制定的药品规定，并且制定了顺势疗法药品附加规定）经常进行频繁和大幅修订。本着清晰、理性原则，应将这些指令编撰成一个法典文本。

(2) 有关此类药品生产、销售及使用的任何规定必须以保障公众健康为基本目标。

(3) 但是，实现这一目标不得阻碍欧洲共同体内制药行业或者药品贸易的发展。

(4) 欧洲共同体内的药品贸易因某些国家的规定存在差异而受到限制（尤其是药品相关规定的差异，不包含食品、动物饲料、卫生制品等物质或物质组合），直接影响欧洲共同体内部市场健康运营。

(5) 因此必须消除这种障碍，而这就意味着需要颁布类似的相关规定。

(6) 为了减少依然存在的差异，应制定药品管制规则，并规定各成员国主管部门应承担的义务，以确保其遵守法律要求。

(7) 损害与疗效是相对而言的两个概念，二者的相对意义取决于科学的进步和药品的预期用途。药品上市许可申请随附的详细说明和文件需表明该药品的疗效大于其潜在风险。

(8) 药品检测和试验的标准及方案是控制这些药品，进而保护公众健康的有效手段，并可以通过制定适用于检测和试验的统一规则、编制档案和审查申请来促进这些药品的流通。

(9) 经验表明，明确规定下列情况是明智的：与已授予许可药品本质相似的药品进行上市申请，无需提供药理毒理及临床试验结果，但必须确保创新企业不会因此被置于不利境地。

(10) 然而，若没有特别严重的原因，公共政策有理由规定不允许对人类或动物进行重复试验。

(11) 所有成员国采用相同的标准和方案将使主管部门能够在统一检验的基础上参照统一标准做出决定，便于避免出现药品评价差异。

(12)1993 年 7 月 22 日颁布的第 2309/93 号欧盟理事会法规 (EEC) 制定了欧洲共同体集中审批程序，其中明确了人用和兽用药品的欧洲共同体许可和监管程序，并建立了欧洲药品评价局。除了必须接受欧共体集中审批的药品外，若没有十足的理由证明对上述药品的审批会对公众健康构成风险，一个成员国主管部门授予的药品上市许可应在其他成员国同样适用。若各成员国间对药品的质量、安全性和有效性产生分歧，应根据欧洲共同体标准进行科学评估，使相关成员国就分歧达成共识。该决定应被及时采用，并确保欧盟委员会与各成员国紧密合作。

(13) 为此，欧洲药品评价局应依据上文提到的第 2309/93 号 (EEC) 规定下设专利药品委员会。

(14) 本指令表明向药品自由流通的目标又迈进了重要一步。根据以往经验，尤其是从上述专利药品委员会所获经验，采取进一步措施可以消除阻碍专利药品自由流通的壁垒。

(15) 在药品上市许可申请审查过程中，为了更好地保护公众健康，防止不必要的重复工作，各成员国应就其许可的每种药品系统地准备评估报告，并根据要求交换报告。另外，若一个成员国正在积极考虑某药品的上市许可申请审查，另一成员国可暂停对该药品的审查，以期承认后者做出的决定。

(16) 内部市场建立之后，如果欧洲共同体已做出适当安排确保药品出口国实施了必要的质量控制，则保证第三国进口药品质量的特别管控措施可被免除。

(17) 有必要针对免疫药品、顺势疗法药品、放射性药品和血液或血浆制品采用特别规定。

(18) 所有放射性药品法规必须考虑到欧盟理事会于 1984 年 9 月 3 日颁布的第 84/466 号欧洲原子能共同体指令规定，其制定了接受医学检查或治疗的人群辐射防护的基本措施。还须考虑到欧盟理事会于 1980 年 7 月 15 日颁布的第 80/836 号欧洲原子能共同体指令，其修正了为普通公众和工作人员防范电离辐射而制定的健康保护基本安全标准指令，目的是防止工作人员或患者暴露于高强度或不必要的高强度电离辐射，特别是本文第 5c 条提到的情况，其要求向药品添加放射性物质以及进口此类药品时应事先获得许可。

(19) 欧洲共同体完全支持欧盟理事会推动自愿无偿捐献血液和血浆的行为，从而实现整个欧洲共同体内血液制品自给自足，同时确保尊重人源治疗物质交易的道德准则。

(20) 致力于保证人源血液或血浆的药品质量、安全性和有效性的法规必须对公共机构、私人机构以及从第三国进口的血液和血浆同等适用。

(21) 鉴于顺势疗法药品自身特点（比如，这些药品所含活性成分极低，很难对其采用传统的临床试验统计方法），对于那些没有治疗适应证拟投放市场的顺势疗法药品（药品剂型和剂量不对患者构成风险），建议提供一种特别简化的登记程序。

(22) 官方药典中所述的采用顺势疗法制备的人智学医药产品在注册和上市许可方面应与顺势疗法药品等同。

(23) 在第一种情况下，我们希望为这些顺势疗法药品的使用者提供清晰的顺势疗法特点说明，同时充分保证这些药品的质量和安全。

(24) 有关制造、控制和检查顺势疗法药品的法规必须达成一致，才能保证安全优质的药品在欧洲共同体内部流通。

(25) 药品上市许可的一般法规应适用于投放市场且具有治疗适应证或者呈现出风险而必须对其预期疗效进行平衡的顺势疗法药品。需要特别指出的是，具有顺势疗法药品传统的成员国可针对旨在确保这些药品的安全性和有效性的检验和试验结果采用特殊的审评法规，前提是这些成员国事先通知欧盟委员会。

(26) 为了促进药品流通以及防止在一个成员国内已经实施的管控措施又在另一个成员国内重复上演，应对自第三国生产、进口的药品及相应的上市许可设置最低要求。

(27) 各成员国应确保对药品生产的监督和控制至少由满足最低资质的人员执行。

(28) 在免疫药品、人源血液或血浆制品可以获得上市许可之前，制造商必须证明其有能力实现各批次药品的一致性。在一种人源血液或血浆制品获得上市许可之前，在该国技术允许范围内，制造商还必须证明该药品没有特定的病毒污染。

(29) 向公众提供药品供应的条件应保持一致。

(30) 有鉴于此，在欧洲共同体内流动的人士有权携带合法获得的合理剂量药品自用。欧洲共同体内一个成员国的人士也有权从另一个成员国获得合理剂量的药品自用。

(31) 此外，根据第 2309/93 号 (EC) 规定，某类药品是欧洲共同体上市许可的主体。在这一背景下，需要对欧洲共同体上市许可中所覆盖的药品供应进行分类。因此，设定欧洲共同体决策采纳的依据标准就非常重要。

(32) 因此，在初始阶段，应确保适用于欧洲共同体或相关成员国药品供应分类的基础原则的一致性。同时，把欧盟理事会针对这一主题建立的原则以及在联合国框架内完成的麻醉药品和精神药品的协调工作作为出发点。

(33) 有关药品供应分类的规定不能违反国家社会保障中关于处方药赔付的安排。

(34) 许多涉及人用药品批发分销的举措可以同时覆盖多个欧盟成

员国。

(35) 有必要对整个药品分销链实施管控（从制造、进口到欧共体、到供应给公众），从而保证药品可在适宜的条件下进行储存、运输和处理。出于上述目的而设置的规定将会大大促进残次品撤出市场，同时会有效地打击假冒产品。

(36) 任何参与药品批发分销的个人都应具备一个特殊许可。药剂师和有资质为公众提供药品的人士以及专业从事此类活动的人士可免于许可。但是，为了控制整个药品供应链，药剂师、有资质为公众提供药品的人士应对所接收药品进行交易记录。

(37) 许可必须遵守某些基本条件，相关成员国有责任确保这些条件得到满足；同时，每个成员国必须承认其他成员国授予的许可。

(38) 某些成员国要求为药剂师提供药品的分销商以及有资质为公众提供药品的个人遵守特定公共服务义务。这些成员国必须有能力要求其境内的分销商和其他成员国的分销商持续遵守这些义务，前提是此种义务并不比其对本国批发商要求的义务严格。同时，假设这些义务可以根据公共卫生保护的理由得到有力保障，并且这些义务与"保护"的目标相称。

(39) 应就标签和包装说明书的呈现和介绍制定规则。

(40) 关于用户信息供给方面的管理规定应高度保护消费者，以便用户可根据全面、完整的信息正确使用药品。

(41) 不得以标签或包装说明书为由，禁止或阻碍标签和包装说明书符合本指令规定的药品上市。

(42) 本指令不妨碍根据 1984 年 9 月 10 日颁布的欧盟理事会第 84/450 号 (EEC) 指令（类似于各成员国针对误导性广告制定的法律、法规和行政措施）所采取的措施的应用。

(43) 所有成员国都对药品广告采取了进一步的具体措施。这些措施之间存在差异。这些差异可能会影响内部市场运作，因为在一个成员国内传播的广告可能会对其他成员国产生影响。

(44) 欧盟理事会于 1989 年 10 月 3 日颁布的第 89/552 号 (EEC) 指令（对依照各成员国法律、法规或行政措施制定的有关开展电视广告活动的某些规定进行了调整）禁止成员国管辖范围内的电视广播公司播放处方药的药品广告。这一原则应广泛应用到其他媒体。

(45) 向普通公众播放药品广告，即使是非处方药品，若使用过量或有欠考虑，也会影响公众健康。因此，在允许的情况下，药品广告应满足某些被准确界定的基本标准。

(46) 此外，必须禁止出于促销目的向普通公众发放免费样品。

(47) 向有资质开立处方或供应药品的人士进行药品广告宣传有助于此类人群获取所需信息。然而，此种广告应受到严格的条件限制，并接受有效监管，尤其是要遵守在欧盟理事会框架内开展的工作。

(48) 药品广告应受到有效、充分的监管，可参照由第 84/450 号 (EEC) 指令建立的监管机制。

(49) 医药销售代表在药品推广过程中发挥重要作用。因此，应对其规定特定义务，尤其是向所拜访客户提供产品特性概要的义务。

(50) 具有开立处方药品资质的人士必须能够客观地履行其职能，而不受直接或间接的金钱诱惑。

(51) 在特定限制条件下，可向具有开立处方药品或供应处方药品资质的人士提供免费的样品，使其可以熟悉新药以获取相关处理经验。

(52) 有资质开立处方或供应药品的人士必须可以获得中立、客观的在售药品信息来源。然而，尽管如此，各成员国仍需根据自身情况为此采取一切必要措施。

(53) 每个药品生产或进口企业都应建立一种机制来确保提供的所有药品信息符合批准的使用条件。

(54) 为确保在用药品的持续安全，有必要根据科技进步不断调整欧洲共同体内的药物警戒系统。

(55) 有必要考虑因药物警戒领域定义、术语和技术的国际化而引起的改变。

(56) 应广泛使用电子信息网络传递欧洲共同体内上市药品的不良反应信息，以使这些信息可被主管部门同时共享。

(57) 欧洲共同体致力于确保使集中审批的药品和通过其他程序审批的药品的药物警戒系统保持一致。

(58) 上市许可持有人应对其投放市场的药品药物警戒积极负责。

(59) 执行本指令所需的措施应遵守欧盟理事会 1999 年 6 月 28 日颁布的第 1999/468 号 (EC) 决议，该决议为实施欧盟委员会赋予的权力制定了相关程序。

(60) 欧盟委员会应有权根据科技进步对附件 I 做出必要更改。

(61) 本指令应不妨碍成员国关于履行附件 II B 部分中所列指令的转置期限的义务。

已采用本指令：

第一篇 | 名词界定

第 1 条

在本指令中，以下用语含义如下：

1……

2. 药品

(a) 已展现出具有治疗或预防人类疾病属性的任何物质或物质组合。

(b) 通过发挥其在药理学、免疫学或代谢方面的作用,可用于协助人类恢复、纠正、改变生理功能或做出医疗诊断的任何物质或物质组合。

3. 物质

物质来源可以是:

人类,例如:血液和血液制品。

动物,例如:微生物、动物整体、部分器官、动物分泌物、毒素、提取物、血液制品。

植物,例如:微生物、植物整体、植物部位、蔬菜分泌物、提取物;化学物质,例如:化学元素、天然化工原料和通过化学变化或合成获得的化工产品。

3a 活性物质

旨在用于药品制造并且在生产过程中可变为药品活性成分发挥在药理学、免疫学或代谢方面的作用,用以恢复、纠正、改变生理机能或做出医疗诊断的任何物质或物质混合物。

3b 辅料

除活性物质和包装材料之外的任何药品成分。

4. 免疫药品

任何由疫苗、毒素、血清或过敏原产品构成的药品：

(a) 疫苗、毒素和血清应特别包含。

i) 用于产生主动免疫的试剂，如霍乱疫苗、卡介苗、脊髓灰质炎疫苗、天花疫苗。

ii) 用于诊断免疫状态的试剂，尤其是结核菌素、结核菌素纯蛋白衍生物、锡克和迪克试验毒素、布鲁菌素。

iii) 用于产生被动免疫的试剂，如白喉抗毒素、天花免疫球蛋白、抗淋巴球蛋白。

(b) "过敏原产品" 指用于鉴别或诱导过敏原免疫应答中的获得性特异改变的任何药品。

4a 前沿治疗药品

欧洲议会和欧盟理事会于 2007 年 11 月 13 日颁布的第 1394/2007(EC) 号法规第 2 款针对前沿治疗药品定义的产品。

5. 顺势疗法药品

任何采用顺势疗法原料，并根据《欧洲药典》或各成员国目前正式使用的药典中所介绍的顺势疗法制造程序制作的药品。一种顺势疗法药品可以包含很多制作原则。

6. 放射性药物

含有一种或多种用于医学目的的放射性核素（放射性同位素）的药品。

7. 放射性核素发生器

指含有固定母体放射性核素（可从中产生子体放射性核素）的系统，其可通过洗脱或任何其他方法获取，并被用于放射性药物中。

8. 配套制剂

需要与最终放射性药物中的放射性核素重组或混合的任何制剂，通常用于给药之前。

9. 放射性核素前体

用于在给药之前标记另一物质的放射性而生产的任何其他放射性核素。

10. 人源血液或血浆制品

由公共或私营机构工业化制备的血液成分药品，此类药品特别包括白蛋白、凝血因子和人源免疫球蛋白。

11. 不良反应

对药品毒副作用和意外作用产生的反应。

12. 重度不良反应

导致死亡、危及生命、需住院治疗或延长住院时间、终生或严重残疾、丧失能力或先天性异常／先天缺陷的不良反应。

13. 非预期不良反应

性质、严重程度或结果与药品特性概要不一致的不良反应。

14. 上市后安全性研究

是指对已上市药品进行的旨在识别、描述、量化安全隐患，确认药品安全性或衡量风险管理措施效果的任何研究。

15. 药物滥用

持续或偶尔的故意过度用药，伴有不良的身体或心理后果。

16. 药品批发分销

所有包括药品采购、持有、供应或出口的活动（向公众提供药品的活动除外）。这些活动由制造商或其委托方、进口商、其他批发商、药剂师以及被许可或有资质向相关成员国公众提供药品的人士开展。

16a. 药品代理

与药品销售或采购相关的所有活动（批发分销除外）。不包括对药品的人为处理，但可代表其他法人或自然人进行独立谈判。

17. 公共服务义务

药品批发商应承担的义务，包括保障充足的药品供应以满足特定地区的需求，并在短时间内为有需求的地区提供相应的药品供给。

17a. 上市许可持有人代表

由上市许可持有人在相关成员国指定的代表，该代表通常被称为"当地代表"。

18. 药品处方

任何由具有专业资质人士开具的药品处方。

19. 药品名

不与通用名混淆的自创名称，或者附带商标或上市许可持有人名称的通用名或科学名。

20. 通用名

由世界卫生组织 (WHO) 推荐的国际非专有名称，若不存在，则指通用的"通用名"。

21. 药品规格

根据剂型，每单位剂量、体积或重量所定量表达的活性物质含量。

22. 内部包装

与药品直接接触的容器或其他形式的包装。

23. 外部包装

内部包装外面的包装。

24. 标签

内部或外部包装上面的信息。

25. 包装说明书

药品附带的包含用户须知信息的说明书。

26. 管理局

依照第 726/2004 号 (EC) 法规组建的欧洲药品管理局。

27. 用药风险

与药品质量、安全性、有效性相关的，关乎公众健康或公共卫生的任何风险；以及对环境造成不良影响的任何风险。

27a. 风险 – 收益平衡

对药品疗效及第 1 项第 28 点定义的药品风险进行的对比评估。

27b. 风险管理系统

旨在识别、描述、预防或最小化药品风险的一系列药物警戒活动或干预行为，包括对这些活动和干预进行的有效性评估。

27c. 风险管理计划

风险管理系统的详细说明。

27d. 药物警戒系统

上市许可持有人和各成员国用来履行第九篇所列任务和责任的系统。用于监控已获许可的药品安全性，并侦测其风险 – 收益平衡所产生的任何变化。

27e. 药物警戒系统主文件

上市许可持有人针对一个或多个已获许可的药品所用的药物警戒系统的详细说明。

28. 传统草药

满足第 16a 条第 (1) 款条件的草药品。

29. 草药

特指仅包含作为活性成分的一种或多种草本物质、一种或多种草药制剂以及草本物质（一种或多种）与草药制剂（一种或多种）组合的任何药品。

30. 草本物质

主要成分是整体、部分或切碎的植物、植物部位、藻类、真菌、苔藓，通常处于未加工的干燥状态（有时也会是新鲜的）。某些不限于特定疗法的渗出物也可视为草本物质。草本物质由所使用的植物部位和依据双名法系统（属、种、变种和命名者）命名的植物学名称精准定义。

31. 草药制剂

通过对草本物质进行提取、蒸馏、压榨、分馏、提纯、浓缩或发酵等处理而获得的制剂。这些制剂包括碎块或粉末状的草本物质、药酒、提取物、精油、榨取的汁液以及处理过的渗出物。

32. 伪劣药品

在下列方面带有虚假描述的药品：

(a) 标识：包括包装和标签、名称或成分（包括辅料在内）以及这些成分的规格。

(b) 来源：包括制造商、生产国、原产国、上市许可持有人等。

(c) 历史：包括与所用分销渠道相关的文件和记录。

本定义不包括意外质量缺陷，而且不影响对侵犯知识产权行为的判断。

第二篇 | 适用范围

第 2 条

1. 本指令适用于拟在成员国市场投放、经过工业化配制或通过工业生产方法生产的人用药品。

2. 如有疑问，则在考虑其所有特性的情况下，本指令适用于可以将产品归于"药品"的定义范围以及其他欧洲共同体立法涵盖的产品定义范围。

3. 虽然本条第 1 款和第 3 条第 (4) 款已有规定，本指令第四篇仍应适用于只供出口的药品生产、中间体、活性物质和辅料。

4. 第 52b 和 85a 条不受第 1 款的影响。

第 3 条

本指令不适用于：

1. 按照个体患者的医疗处方在药店配制的药品（一般称为配方）。

2. 按照药典处方在药店配制并向该药店服务的患者直接提供的药品（一般称为成药配方）。

3. 拟进行研发试验但不影响 2001 年 4 月 4 日颁布的欧洲议会和欧盟理事会第 2001/20 号 (EC) 指令的药品，该指令类似于各成员国制定的关于在人用药品临床试验中实施"良好临床试验规范"的法律、法规和行政规定。

4. 由授权制造商进行深加工的中间体。

5. 形式为密封放射源的放射性核素。

6. 人源全血、血浆或血细胞，不包括采用工业方法制备的血浆。

7. 第 1394/2007 号 (EC) 法规定义的前沿治疗药品。该药品根据特定的质量标准进行非常规生产，并在医疗从业者承担全部责任的前提下在同一成员国医院内使用，目的是与针对个体患者的私人处方（定制产品）相符。

此类产品的生产应获得成员国主管部门的许可。各成员国应确保此类产品的国家可追溯性、药物警戒要求以及本款提到的特殊质量标准与欧洲共同体关于前沿治疗药品的规定相当——根据 2004 年 3 月 31 日欧洲议会和欧盟理事会第 726/2004 号 (EC) 法规规定，前沿治疗药品必须获得许可方可上市。该法规还制定了欧洲共同体的药品上市许可程序、人用药品和兽用药品的监管程序并规定成立欧洲药品管理局。

第 4 条

1. 本指令不得以任何方式违反欧洲共同体关于对进行医学检查或治疗的人进行辐射保护的规定，不得违反欧洲共同体关于保护公众与工作人员免受电离辐射伤害的卫生防护基本安全标准规定。

2. 欧盟理事会 1986 年 6 月 25 日第 86/346 号 (EEC) 决议不受本指令的影响。该决议的主要内容是代表欧洲共同体接受了《欧洲人源治疗物质交换协定》。

3. 本指令的规定应不影响成员国官方根据健康、经济和社会条件确定药品价格和国家健康保险计划范围的权力。

4. 本指令不影响关于禁止或限制销售、供应、使用避孕药或堕胎药的国家法律的应用。各成员国应将相关国家立法告知欧盟委员会。

5. 本指令及本指令中提到的所有法规不得因为上述欧洲共同体法律没有相关规定，而影响关于禁止或限制使用特定类型人类细胞或动物细胞，或销售、供应、使用含有或源于此类细胞的药品的国家法律的应用。各成员国应将相关国家立法告知欧盟委员会，同时，欧盟委员会应在登记册中公布此信息。

第 5 条

1. 为满足特殊需要，根据现行法律规定，成员国可以将那些由符合资质的专业医疗人员善意、主动提供的，按照其说明配制的，并在其承担直接个人责任的情形下交由个体病患使用的药品，排除在本指令的规定之外。

2. 当怀疑或确定可能造成伤害的病原体、病毒、化学试剂或核辐射正在扩散时，成员国可以暂时批准销售未经许可的药品。

3. 在不影响第 1 款的情况下，当怀疑或确定可能造成伤害的病原体、病毒、化学试剂或核辐射正在扩散，主管部门建议或要求临时使用未经许可的药品时，各成员国应制定相关规定，确保上市许可持有人、制造商和医疗保健专业人士不对使用许可之外的药品或未经许可的药品所产生的后果承担民事或行政责任。无论国家或欧洲共同体是否授予许可，此类规定都应适用。

4. 欧盟理事会 1985 年 7 月 25 日颁布的第 85/374 号 (EEC) 指令规定的残次品责任（相当于成员国关于残次品责任的法律、法规和行政规定）不受第 3 款的影响。

第三篇 | **投放市场**

第一章 上市许可

第 6 条

1. 没有成员国主管部门按照本指令颁发的上市许可，或按照欧盟第 726/2004 号 (EC) 法规授予的、符合欧洲议会和欧盟理事会 2006 年 12 月 12 日关于儿科用药的第 1901/2006 号 (EC) 法规以及第 1394/2007 号 (EC) 法规的许可，任何药品不得在该成员国的市场上市。

当按照第 1 小项的规定首次授予药品上市许可时，任何许可外的规格、剂型、给药途径、包装、变更或延期均应按照第 1 小项的规定授予许可，或将其纳入首次上市许可中。所有这些上市许可均应视为属于全球同一许可，尤其是为适用第 10 条第 (1) 款的规定时更应如此。

上市许可持有人负责药品的上市销售。不得因指定代表而免除上市许可持有人的法律责任。

2. 放射性核素发生器、配套制剂、放射性核素、放射性药物前体和工业化制备的放射性药物也需要取得第 1 款所提到的许可。

第 7 条

对于自然人或经许可的机构在使用时按照制造商的说明，依法在经批准的卫生保健机构，用已获许可的放射性核素发生器、配套制剂或放射性核素前体制备的放射性药物无需上市许可。

第 8 条

1. 无论第 2309/93 号 (EEC) 法规有何规定，要取得药品上市许可，都应向相关成员国的主管部门提出申请。

2. 只能对设立在欧洲共同体内的申请人授予上市许可。

3. 申请时应按照附件 I 的规定附上以下详细资料和文件：

(a) 申请人姓名（或公司名称）和永久地址以及制造商名称和永久地址（如适用）。

(b) 药品名称。

(c) 药品所有成分的定性和定量说明，如果药品有国际非专有药品名称 (INN)，则注明 WHO 推荐的 INN，也可注明相关化学名称。

(c)(a) 对药品潜在的环境风险的评估。环境影响应被评估，并应逐项设计限制影响的具体方案。

(d) 制药方法的描述。

(e) 适应证、禁忌证和不良反应。

(f) 剂量、剂型、给药方法和途径、预计保质期。

(g) 任何出于药品存储、患者用药、废品处理之目的而采取的预防和安全措施的原因，以及药品对环境可能造成风险的征兆。

(h) 制造商采用的控制方法的描述。

(h)(a) 制造商已按照第 46 条第 (f) 点规定，检查并核实了活性物质制造商遵守良好生产规范原则和指导方针的书面确认书。该书面确认书中应写明检查的日期，并声明检查结果证实药品生产符合良好生产规范的原则和指导方针。

(i) 以下试验的结果：

●药物（物理化学、生物或微生物）试验。

●临床前（毒理和药理）试验。

●临床试验。

(i)(a) 申请人的药物警戒系统概要，应包括以下要素：

●申请人具有负责药物警戒工作的合规人员的证明。

●该人居住和执行任务的成员国。

●该人的联系方式。

●由申请人签署的声明，表明申请人有必要的手段履行第九章所列的任务和责任。

●药品药物警戒系统主文件的存放位置。

(a) 风险管理计划及计划概要：描述申请人拟为相关药品引进的风险管理系统。

(i)(b) 在欧盟之外进行的临床试验符合第 2001/20 号 (EC) 指令道德要求的声明。

(j) 符合第 11 条规定的产品特性概要、包括第 54 条规定细节的外部包装样品、包括第 55 条规定细节的内部包装，以及符合第 59 条规定的包装说明书。

(k) 证明制造商在其本国已被许可进行药品生产的文件。

(l) 以下复印件：

●在其他成员国或第三国获得的药品上市许可、安全数据概要（包括定期安全更新报告中的数据）、疑似不良反应报告（如适用），以及已依据本指令向成员国提交的上市申请中尚未获批的成员国名单。

●申请人依据第 11 条提出的或由成员国主管部门依据第 21 条批准的产品特性概要以及其依据第 59 条规定提出的或由成员国主

管部门依据第 61 条批准的包装说明书。

● 欧盟或第三国拒绝许可的详细决议以及如此决议的原因。

(m) 根据欧洲议会和欧盟理事会 1999 年 12 月 16 日关于罕见病药品的第 141/2000 号 (EC) 法规，将药品定为孤儿药（罕见病药品）的文件复件，以及相关部门的意见复件。

关于第 1 小项第 (i) 点提到的药物和临床前研究及临床试验结果的文件和信息，应按照第 12 条规定，附带详细的总结。

第 1 小项第 (i)(a)(a) 点提到的风险管理系统，应与药品已知风险和潜在风险，以及上市后安全数据的需要相称。

应在适当情况以及适当的时候对第 1 小项提到的信息进行更新。

第 9 条

除第 8 条和第 10 条第 (1) 款规定的要求外，放射性核素发生器的上市许可申请还应包含以下信息和细节：

● 系统的一般性描述，以及可能会影响子体放射性核素制剂之成分和质量的系统组件的详细描述。

● 洗脱液或纯化物的定性和定量详述。

第 10 条

1. 如果申请人能够证明药品是根据第 6 条规定在成员国或欧洲共同体内获取许可年限不少于 8 年的参比药品的仿制药品，则在不违反有关工商业财产保护的法律的情况下，申请人可不必依据第 8 条第 (3) 款 (i) 项的规定提供临床前和临床试验的结果。

根据本规定获得许可的仿制药品，在参比药品初始许可满 10 年之后方可投放市场。

如果参比药品在仿制药拟上市的成员国未获许可，则第 1 小项的规定也应适用。在这种情况下，申请人应在申请表格中注明参比药品将要或已经获得许可的成员国名称。同时，应仿制药上市申请所在成员国主管部门的要求，其他成员国主管部门应在一个月内发送参比药品将要或已经获得许可的确认书、参比药品的全部成分以及其他相关文件（如必要）。

关于第 2 小项提到的 10 年期限最多可以延长至 11 年，前提是在此 10 年的前 8 年里，上市许可持有人在许可之前进行的科学评估期间获得了（一个或多个）与现有治疗方法相比具有显著临床疗效的新适应证。

2. 就本条而言：

(a) "参比药品"是指按照第 8 条和第 6 条之规定取得许可的药品。

(b) "仿制药品"是指与参比药品在活性物质的定性和定量成分、药物剂型方面都相同的药品，并且，其与参比药品的生物等效性已通过适当的生物利用度研究得到证明；活性物质的不同盐分、酯类、醚类、异构体、异构体混合物、复合物或衍生物都应视为相同的活性物质，除非它们在安全性和（或）有效性方面有显著差异。在这种情况下，申请人必须提供额外的信息证明已许可的活性物质的各种盐分、酯类或派生物的安全性和（或）有效性；各种速释口服药剂型应被视为同一剂型；如果申请人能够证明仿制药品符合适用的详细指南中规定的相关标准，则无需进行生物利用度研究。

3. 如果药品不属于第 2 条 (b) 款定义的仿制药，或者不能通过生物利用度研究证明生物等效性，或者与参比药品相比，活性物质、适应证、规格、剂型或给药途径发生变化，则应提供适当的临床前研究或临床试验结果。

4. 如果与参比生物制品类似的生物制品不符合仿制药品的定义条件，尤其是因为生物制品和参比生物制品在原材料和制造过程方面不同而不符合时，必须提供关于这些条件的、适当临床前研究或临床试验结果。所补充数据的类型和数量，必须符合附件Ⅰ中的相关标准和相关的详细指南。参比药品申请资料中的其他试验结果无需提供。

5. 除第 1 款的规定外，当为已得到批准的物质申请新的适应证时，应提供非累计的一年期专有数据，前提是对新的适应证进行过重要的临床前或临床研究。

6. 为适用第 1、2、3、4 款以及相应的实际要求而进行的必要研究和试验，不得被视为与专利权或药品补充保护证书相悖。

第 10a 条

如果申请人能够证明药品中的活性物质已在欧洲共同体内用于已批准的药品至少十年，疗效得到公认，并且附件Ⅰ规定条件的安全性水平在可接受的范围内，则在不违反关于保护工商业财产的

法律的情况下，申请人可以不必提供第 8 条第 (3) 款 (i) 项规定的
临床前研究或临床试验结果。但在这种情况下，应提供适当的科
学文献用以代替试验结果。

第 10b 条

如果获得许可的药品复方中包含了某类活性物质，但其至今尚未
被用于出于治疗目的的复方中,则应按照第 8 条第 (3) 款 (i) 项规定,
提供新的关于该复方的临床前或临床试验结果，但无需提供关于
每个单一活性物质的科学依据。

第 10c 条

为了便于对活性物质定性和定量成分相同、剂型相同的其他相关
药品的后续申请进行审查，应允许许可持有人在取得上市许可后
使用药品文件中的制药、临床前和临床文件。

第 11 条

产品特性概要应依次包含如下信息：

1. 药品名称，后附规格和剂型。

2. 活性物质的定性与定量成分及辅料成分、正确的用药信息（应
使用常用的通用名称或化学描述）。

3. 剂型。

4. 临床资料：

4.1 治疗适应证。

4.2 成人、儿童（如必要）的用药剂量和方法。

4.3 禁忌证。

4.4 药品使用方面的特殊警告和预防措施、处理免疫药品与为患者用药的人士应采取的特殊预防措施，以及患者需要采取的预防措施。

4.5 与其他药品的相互作用以及其他形式的相互作用。

4.6 孕期和哺乳期间使用的注意事项。

4.7 对驾驶和操纵机器能力的影响。

4.8 不良反应。

4.9 服药过量（症状、急救措施、解毒剂）。

5. 药理特性：

5.1 药效学特性。

5.2 药代动力学特性。

5.3 临床前安全数据。

6. 药物信息：

6.1 辅料清单。

6.2 主要不相容性。

6.3 药品重组（必要时）后或首次开启内部包装后的保质期。

6.4 存储时的特殊注意事项。

6.5 容器的性质和容量。

6.6 处理使用过的药品或其废料的特殊注意事项（如适用）。

7. 上市许可持有人

8. 上市许可编号

9. 初始许可日期或许可续期日期

10. 文本修订日期

11. 放射性药物内部辐射剂量测定法的全部详细信息

12. 放射性药物临时制剂及其质量控制的附加详细说明。制剂中间体（如洗脱液或即用型药物）符合规范的最长存储时间（如适用）。

对于第 10 条规定的许可，参比药品的适应证或剂型方面的产品特性概要无需包括在内（若仿制药上市时上述信息仍被专利法保护）。

对于第 726/2004 号 (EC) 法规第 23 条清单上包括的药品，产品特性概要应包括以下说明："本药品需接受额外监管。"本说明前应标记第 726/2004 号 (EC) 法规第 23 条提及的黑色符号，后面附以适当的标准化解释语句。

所有药品都应附以一份标准化文本，明确要求医疗保健专业人士依据第 107a(1) 条中所述的国家自发报告体系报告疑似不良反应。根据第 107a 条第 (1) 款第 2 小项，应以多种方式报告，包括电子报告。

第 12 条

1. 申请人应确保在第 8 条第 (3) 款的最后一小项中所涉及的详细概要提交给主管部门前，已经由具有必要技术或专业资质的专家草拟并签字，其资质应在简历中有所陈述。

2. 第 1 款中提及的具有技术和专业资质的人士应证明，在第 10a 条中使用的科学文献符合附件 I 中规定的条件。

3. 申请人提交给主管部门的文件必须包含详细概要。

第二章　适用于顺势疗法药品的分则

第 13 条

1. 各成员国应确保欧洲共同体内制造并投放市场的顺势疗法药品遵照第 14、15、16 条注册或许可，但在 1993 年 12 月 31 日或之前依照国家法律注册或许可的药品除外。注册时，第 28 条和第 29 条 (1) 至 (3) 款规定应适用。

2. 各成员国应为第 14 条所述的顺势疗法药品制定特别简化注册程序。

第 14 条

1. 只有符合所有下列条件的顺势疗法药品方可适用特别简化注册程序：

● 口服或者外用的顺势疗法药品。

● 药品标签或其任何相关信息上没有具体治疗适应证说明。

● 药品稀释度足以确保其安全；尤其需要注意的是，药品活性物质含量不得超过母酊的万分之一，或者不得超过对抗疗法中所用最小剂量的百分之一，若对抗疗法药品中存在活性物质，需提交医生处方。

若新的科学证据需要，欧盟委员会可以修订第 1 小项的第三行。修订本指令非必要元素的举措应依据第 121 条第 (2a) 款所述之监管审查程序进行。

注册期间，各成员国应确定药品配制分类。

2. 第 4 条第 (4) 款、第 17 条第 (1) 款以及第 22 条至 26 条、112 条、116 条和 125 条中的程序标准和规定同样也应适用于顺势疗法药品的特别简化注册程序，疗效证明除外。

第 15 条

特别简化注册程序申请可以包含一系列取自相同顺势疗法原料的

药品。申请时也应包含以下文件，用于说明（尤其是）药品质量和相关产品的批次同质性：

● 顺势疗法原料药典中给定的学名或其他名称，以及不同给药途径、剂型、稀释度的注册说明。

● 描述顺势疗法原料的获取和管控方法以及证明其顺势疗法用途（依据充分的参考文献）的申请资料。

● 每个剂型的制造与管控文件以及顺势疗法药品稀释及强化方法的描述。

● 相关药品的生产许可。

● 相同药品在其他成员国获取的注册或许可的复印件。

● 欲注册药品的外部包装及内部包装样品（一个或多个均可）。

● 药品稳定性相关数据。

第 16 条

1. 除第 14 条第 (1) 款所述之外的顺势疗法药品应按照第 8 条、第 10 条、第 10a 条、10b 条、10c 条和第 11 条规定进行许可和标记。

2. 对于非第 14 条第 (1) 款提及的顺势疗法药品，成员国可以依照该国通行的顺势疗法原则和特点在其境内采用或保留其临床前研究以及临床试验特殊法规。

在这种情况下，相关成员国应将现行的具体规则通知欧盟委员会。

3. 第 9 条适用于顺势疗法药品，但第 14 条第 (1) 款所述者除外。

第二 A 章　适用于传统草药的分则

第 16a 条

1. 兹建立草药简化注册程序（以下称为"传统用途注册登记"），该草药需满足以下所有标准：

（a）具有仅适用于传统草药品的适应证，构成及用途旨在（或被设计为）使其无需医师监管即可用于诊断目的、开立处方或监督治疗。

（b）仅根据特定规格和剂量用药。

（c）口服、外用和（或）吸入制剂。

（d）第 16c 条第 (1) 款 (c) 项规定的传统用途期限已过。

（e）药品的传统用途数据充分；尤其是经证明产品在指定使用条件下无害，药品药理作用或药效从长期使用和经验上来看可信。

2. 尽管有第 1 条第 (30) 款的相关规定，若草药类药品中存在维生素或矿物质，且有确凿的证据证明其安全性，则不应限制其依据第 1 款进行注册的资格——前提是就所声明的指定适应证而言，维生素或矿物质仅起辅助作用（相对于草药活性成分）。

3. 然而，如果主管部门判断传统草药品符合第 6 条规定的许可标准或第 14 条规定的注册标准，则本章规定不适用。

第 16b 条

1. 申请人和注册持有人应设立在欧洲共同体内。

2. 申请人要获得"传统用途注册登记"需向相关成员国的主管部门提交申请。

第 16c 条

1. 申请应随附以下材料：

（a）资料和文件：

（I）第 8 条第 (3) 款 (a) 项到 (h)、(j)、(k) 项所涉及的内容。

（II）第 8 条第 (3) 款 (i) 项中的第 2 项提及的药物试验结果。

（III）产品特性概要，没有第 11 条第 (4) 款规定的数据。

（IV）对于第 1 条第 (30) 款或第 16a 条第 (2) 款所提及的复方情况，同样应提供第 16a 条第 (1) 款 (e) 项提及的相关复方信息；如对单个活性成分了解不充分，则与之相关的数据也应提供。

（b）其他成员国或第三国的申请者获得的药品上市许可或注册登记，以及任何拒绝授予许可或进行注册的详细决定及其原因（不管是在欧洲共同体还是在第三国）。

（c）存疑药品的效果已被文献或专家证明或相关产品在申请日期前至少作为药品使用了 30 年，其中在欧洲共同体内至少使用 15 年。应已提交传统用途注册登记申请的成员国要求，草药品委员会应就产品或相应产品长期使用的充分证据拟定意见。该成员国应提交相应的证明文件。

（d）药品安全性数据的文献审评与专家报告，以及评估药品安全的必要数据（如果主管部门提出额外要求）。

附件 I 适用于 (a) 点所规定的资料与文件。

2. 如第 1 款 (c) 项所述，相应产品与所申请药品具有相同的活性成分（不考虑所用辅料）、相同或相似的用途、等量的规格和剂量以及相同或相似的给药途径。

3. 即使产品未基于特定的许可上市，也要满足第 1 款 (c) 项提及的证明药品使用 30 年的要求。如果在此期间药品成分的数量有所减少也要满足这一要求。

4. 如果产品在欧洲共同体中使用年限不足 15 年，但是可以进行简化注册，则申请"传统用途注册登记"的成员国应将产品提交给草药品委员会。该成员国应提交相应证明文件。

委员会应考虑其是否完全符合第 16a 条中提及的简化注册程序的其他标准。若委员会认为其可能符合，应制定第 16h 条第 (3) 款所述的《欧洲共同体草药专论》，供成员国做最终决定时考虑。

第 16d 条

1. 在不影响 16h 条第 (1) 款的情况下，第三篇第四章同样适用于依据第 16a 条授予的注册，但需要满足以下前提条件：

（a）已根据第 16h 条第 (3) 款撰写《欧洲共同体草药专论》。

（b）草药品包括第 16f 条所述之清单中的草本物质、制剂或其组合。

2. 对于第 16a 条中提及的其他草药品，在评估"传统用途注册登记"申请时，各成员国应根据本章规定充分考虑另一成员国授予的注册。

第 16e 条

1. 若该申请不符合第 16a 条、16b 条、16c 条的规定或符合以下任一条件，"传统用途注册登记"申请将被拒绝：

（a）定性和（或）定量组成与声明不符。

（b）适应证不符合第 16a 条规定的条件。

（c）在正常使用情况下，产品可能存在危害。

（d）"传统用途"的数据不够充分，尤其是根据长期的使用和经验来看药理作用或药效不可信。

（e）药物质量差强人意。

2. 各成员国主管部门应通知申请人、欧盟委员会以及任何请求通知的主管部门其拒绝"传统用途注册登记"的决定及其拒绝理由。

第 16f 条

1. 传统草药中使用的草本物质、制剂及其组合的清单应根据第 121 条第 (2) 款所述之程序建立。清单应包括每种草本物质的适应证、指定规格及剂量、给药途径以及安全使用草本物质（用作传统药品）所需的任何其他信息。

2. 若"传统用途注册登记"申请涉及第 1 款清单涵盖的草本物质、制剂或其组合，则第 16c 条第 (1) 款 (b)、(c)、(d) 项中规定的数据无需提供。第 16e 条第 (1) 款 (c) 和 (d) 项不适用。

3. 若草本物质、制剂或其组合未涵盖在第 1 款提及的清单中，则根据第 2 款，对含有该物质的草药品的注册应被吊销——除非在三个月内提交第 16c 条第 (1) 款中提及的详细资料与文件。

第 16g 条

1. 本指令第 3 条第 (1) 和 (2) 款、第 4 条第 (4) 款、第 6 条第 (1) 款、第 12 条、第 17 条第 (1) 款、第 19 条、第 20 条、第 23 条、第 24 条、第 25 条、第 40~52 条、第 70~85 条、第 101~108 条 (b) 款、第 111 条 (1)~(3) 款、第 112 条、第 116 条、第 117 条、第 118 条、第 122 条、第 123 条、第 125 条、第 126 条第 2 款和第 127 条以及 2003 年 10 月 8 日颁布的第 2003/94 号 (EC) 欧盟委员会指令（规定了人用药品以及人用实验药品的良好生产规范原则和指南）同样适用于根据本章授予的"传统用途注册登记"。

2. 除第 54 至 65 条的要求外，标签和用户包装说明书应包含如下效果说明：

（a）产品是传统草药品，根据长期使用经验专用于指定适应证中。

（b）若在药品使用期间患者症状未见好转，或出现包装说明书中未注明的不良反应，应咨询医生或有资质的医疗卫生从业者。

成员国可以要求标签和用户包装说明书也标明相关"传统用途"的性质。

3.除第 86 条到 99 条之要求以外，本章下注册的药品广告应包含以下说明：传统草药品仅用于长期使用的指定适应证。

第 16h 条

1.兹建立草药品委员会。该委员会是欧洲药品管理局的组成部分并具有以下权限：

（a）关于简化注册程序：
● 履行第 16c 条第 (1) 款和第 (4) 款之职责。
● 履行第 16d 条之职责。
● 根据第 16f 条第 (1) 款草拟草本物质、制剂及复方草稿清单以及。
● 撰写本条第 3 款所述之《欧洲共同体传统草药专论》。

（b）关于草药品的许可，撰写本条第 3 款所述之《欧洲共同体传统草药专论》。

（c）关于提交到欧洲药品管理局（根据第三篇第四章）的草药品（如第 16a 条所述），履行第 32 条所阐述之责任。

（d）包含草本物质的其他药品依照第三篇第四章提交至欧洲药品

管理局时，对草本物质提出意见（如适用）。

最后，草药品委员会应根据欧洲共同体法律履行其应尽的任何其他职责。

应通过某种程序确保与人用药品委员会之间的适当协调，该程序由欧洲药品管理局局长根据第 2377/90 号 (EEC) 法规第 57 条第 (2)款做出决定。

2. 各成员国应任命一位草药品委员会委员和一位候补委员，任期3 年，可连任。

候补委员可代表缺席委员行使表决权。委员和候补委员应基于其在草药品评估中所担任的职务和经验选出，当选后将代表国家主管部门。

上述委员会可基于候选人所具备的特定科学能力增补额外五名（最多）成员。这些成员任期 3 年，可连任，无候补。

为选派此类委员，上述委员会应识别这些新增委员所具备的特定互补科学能力。增补委员应从各成员国或欧洲药品管理局提名的专家中选出。

上述委员会委员可由特定科学或技术领域的专家陪同。

3. 针对第 10 条第 (1) 款 (a) 项 (ii) 小项的申请和传统草药产品，草药品委员会应撰写《欧洲共同体草药专论》。上述委员会应按照本章规定和其他欧洲共同体法律进一步履行职责。

本款所述之《欧洲共同体草药专论》完成后，各成员国审查上市申请时应对其给予考量。若相关《欧洲共同体草药专论》未完成，则可参考其他适用的专题论文、出版物或所涉数据。

新的《欧洲共同体草药专论》完成后，注册持有人应考虑是否有必要据此修改注册申请资料。任何修改均应被注册持有人通知给相关成员国主管部门。应出版草药专论。

4. 与人用药品委员会相关的第 2309/93/(EEC) 号法规总则同样适用于草药品委员会。

第 16i 条
在 2007 年 4 月 30 日之前，委员会应向欧洲议会和欧盟理事会提交本章规定适用情况的报告。

该报告应包括将传统用途注册扩展至其他药品类别的可能性评估。

第三章　上市许可程序

第 17 条
1. 各成员国应采取一切适当措施确保药品上市许可授予程序在提交有效申请后 210 天之内完成。

对于在两个以上成员国进行的相同药品上市申请应根据第 28~39 条的规定进行提交。

2. 如果一成员国发现相同药品上市申请正在另一成员国审核，则相关成员国应拒绝评估该申请，并建议申请人该种情况应适用第

28~39 条的规定。

相关成员国应通知另一成员国以及申请人其推迟对存疑申请详细审查的决定。一旦完成申请审查并得出结论，另一成员国应向相关成员国转交评估报告复印件。

第 18 条

若一成员国按照第 8 条第 (3) 款 (I) 项获悉另一成员国已经批准某药品，而这一药品正是在相关成员国进行上市许可申请的主体，则前者应按照第 21 条第 (4) 款之规定，立即要求批准许可的成员国主管部门向其转交评估报告。

在收到评估报告的 90 日内，相关成员国应对第一个成员国的决定及其批准的产品特性概要进行确认，如果其有理由认为相关药品的许可对公众健康存在风险，则应适用第 29~34 条中规定的程序。

第 19 条

为了根据第 8、10、10a、10b 和 10c 条对提交的申请进行审查，各成员国主管部门：

1. 必须核实用以支撑申请所提交的详细资料是否符合上述第 8、10、10a、10b 和 10c 条规定，并核实是否符合药品投放市场的许可（上市许可）颁发条件。

2. 可以将药品、起始原料以及药品中间体（若必要）或其他构成材料交由官方药品控制实验室或某成员国指定的实验室检测，从而确保制造商所采用的控制方法和申请随附详细资料里所描述的控制方法符合第 8 条第 (3) 款 (h) 项的规定。

3. 可在适当条件下，要求申请人补充第 8 条第 (3) 款、第 10 条、10a 条、10b 条以及 10c 条内所列的详细申请资料。若主管部门选择此种方式，应将第 17 条所规定的时间期限推迟至所需补充信息提交为止。同样，适当情况下，其他时间期限也应推迟，以便为申请者留出时间进行口头或书面说明。

第 20 条

各成员国应采取一切适当措施确保：

（a）主管部门核实药品生产商以及来自第三国的药品进口商能够根据第 8 条第 (3) 款 (d) 项提供的详细资料来实施生产，并（或）根据第 8 条第 (3) 款 (h) 项中所规定的方法（如上市申请资料中所描述）实施质量控制。

（b）合理情况下，主管部门可以允许药品生产商或来自第三国的药品进口商实施由第三方进行的某些生产步骤和（或）(a) 点中所述的某些质量控制；此种情况下，主管部门也应在指定企业内进行核实。

第 21 条

1. 在签发上市许可后，相关成员国的主管部门应将其审批的产品特性概要通知上市许可持有人。

2. 主管部门应采取一切必要措施确保该总结中提供的信息与在签发上市许可时或之后接受的信息一致。

3. 国家主管部门应立即将其审批通过的每一药品的上市许可与包装说明书、产品特性概要以及根据第 21a 条、22 条和 22a 条设定的条件连同满足这些条件的截止日期一起公开。

4. 国家主管部门应起草评估报告并就相关药品的临床前研究、临床试验、风险管理体系以及药物警戒体系等审查结果在文件上给出意见。无论何时只要出现对相关药品质量、安全或有效性评估至关重要的新信息，评估报告应予更新。

删除商业机密信息后，国家主管部门应立即将评估报告及其做出评估意见的理由向公众公开。所申请的各适应证应分别提供证明。公开的评估报告应包括一份易于公众理解的书面总结。该总结应特别包含药品使用条件等内容。

第 21a 条
除第 19 条规定的条款外，也可以根据以下一种或多种条件授予药品上市许可：

（a）采取一定措施确保风险管理体系中包括药品安全使用防范措施。

（b）实施上市后安全性研究。

（c）比第九篇规定更为严格地遵守记录或汇报疑似不良反应的相关职责。

（d）关于安全、有效使用药品的任何其他条件或限制。

（e）拥有完备的药物警戒体系。

（f）进行上市后有效性研究，用于确定对药品有效性某方面问题的担忧，该问题仅在药品上市后才能解决。履行上述研究的义务应根据第 22b 条所规定的授权行为进行，同时应考虑第 108a 条所述的科学指南。

必要时，上市许可应规定上述条件的完成期限。

第 22 条
在特殊情况下，经过征询申请者，可以根据特定条件，尤其是药品安全性方面的条件授予上市许可。应向国家主管部门通报药品使用事故，并采取应对措施。

仅在申请人基于客观可信原因证明其在正常使用情况下无法提供药品安全性和有效性的综合数据时，方可依据附件 I 的规定授予上市许可。

上市许可的续期取决于针对这些条件的年度重估。

第 22a 条
1.授予上市许可后，国家主管部门可要求上市许可持有人履行以下义务：

（a）若已上市药品具有安全风险隐患，则应进行上市后安全性研究。若有多个药品存在相同的问题隐患，则国家主管部门应在征询药物警戒风险评估委员会后，鼓励相关上市许可持有人联合进行上市后安全性研究。

（b）当对疾病或临床方法的认知表明之前的有效性评估可能需要

进行重大修正时，应进行上市后有效性研究。履行上市后有效性研究的义务应根据第 22b 条所规定的授权行为进行，同时应考虑第 108a 条所述的科学指南。

强制履行此类义务应具有正当理由并以书面形式发出通知，且通知中应包括研究提交与实施的目标和时间表。

2. 如果上市许可持有人在收到强制履行义务的书面通知后 30 日内提出请求，国家主管部门应在规定期限内为上市许可持有人提供针对强制履行义务呈交书面意见的机会。

3. 国家主管部门应基于上市许可持有人提交的书面意见，做出撤销或批准履行此项义务的决定。若国家主管部门批准履行该项义务，上市许可将发生变更，将该义务作为上市许可条件，同时风险管理体系也应做出相应更新。

第 22b 条

1. 为确定本指令第 21a 和 22a 条要求实施的上市后有效性研究情况，委员会可根据第 121a 条授予的行为，并在符合第 121b、121c 条规定的条件下，采取措施补充第 21a、22a 条的规定。

2. 采用上述授权行为时，委员会应根据本指令规定行动。

第 22c 条

1. 上市许可持有人应将第 21a、22 或 22a 条之任何条件纳入其风险管理体系中。

2. 各成员国应通知上市许可管理局其已根据第 21a、22 或 22a 条之条件授予上市许可。

第 23 条

1. 上市许可获批后，对于第 8 条第 (3) 款 (d) 项和 (h) 项中所述的生产和质控方法，上市许可持有人应充分考虑科学和技术的进步情况做出相应变更，以使其可以采用公认的科学方法生产和检验药品。

这些变更须经相关成员国主管部门审批。

2. 上市许可持有人应立即将可能需要修订的第 8 条第 (3) 款、第 10 条、第 10a 条、第 10b 条、第 11 条、第 32 条第 (5) 款或附件 I 中涉及的详细资料和文件的新信息提供给国家主管部门。

尤其需要指出的是，上市许可持有人应将药品上市所在之任一国家主管部门发布的禁令或限令，以及可能影响相关药品风险收益评估的任何其他新信息及时通知国家主管部门。该信息应包括针对所有适应证和人群进行临床试验或其他研究所取得的正面和负面结果（无论其是否包含在上市许可中），以及超出上市许可条款外的药品使用数据。

3. 上市许可持有人应确保产品信息符合当前科学知识，包括通过欧洲药品门户网站（根据第 726/2004 号 (EC) 法规第 26 条建立）公布的评估结论和建议。

4. 为了能够对风险收益平衡进行持续评估，国家主管部门可能会随时要求上市许可持有人提交数据证明药品风险收益平衡依然处于有利状态。上市许可持有人应完整、及时地回应任何此类要求。

国家主管部门可能会随时要求上市许可持有人提交药物警戒体系主文件的复印件。上市许可持有人应在收到请求后的 7 日内提交该文件复印件。

第 23a 条

授予上市许可之后，上市许可持有人应结合各种许可内容，将人用药品在该成员国的实际上市日期通知批准许可的成员国主管部门。

如果产品在某成员国暂时或永久停止上市，上市许可持有人应通知该成员国的主管部门。除非在特殊情况下，此类通知应在产品中断上市之前不少于两个月进行。上市许可持有人应根据第 123 条第 2 款，向主管部门通报此类行为的原因。

应主管部门的要求，尤其是在药物警戒方面，上市许可持有人应将与药品销量有关的所有数据以及其持有的任何与处方量相关的数据提供给主管部门。

第 23b 条

1. 委员会应对按本指令授予的上市许可条款的变更审查进行适当的安排部署。

2. 委员会应以实施细则的形式采纳第 1 款中的安排部署。旨在修订本指令非必要元素的举措应依据第 121 条第 (2a) 款所述之监管审查程序进行。

3. 采纳第 1 款中的安排部署时，委员会应努力使多个许可条款的一个或多个相同变更可以提交一份申请。

4. 对于仅在该成员国上市的药品，成员国可以继续应用 1998 年 1 月 1 日之前授予的上市许可实施细则生效时适用的国家变更条款。如果符合本条规定之国家法规的药品在另一成员国被授予上市许可，则即日起实施细则适用该产品。

5. 如果某成员国依据第 4 款决定继续采用国家规定，应通知委员会。如果该通知未在 2011 年 1 月 20 日前送达，则实施细则应适用。

第 24 条

1. 在不影响第 4 款和第 5 款的情况下，上市许可有效期为 5 年。

2. 在批准许可的成员国主管部门重新评估风险收益平衡的基础上，上市许可获批 5 年后可续期。

为此，依据第 1 款的规定，上市许可持有人至少须在上市许可失效前 9 个月向国家主管部门提供关于质量、安全性和有效性的综合版文件，包括依照第九篇的规定提交的包含在疑似不良反应报告和定期安全更新报告中的评估数据和获得上市许可以来的全部变更信息。

3. 一旦获批续期，上市许可无限期有效。除非国家主管部门根据药物警戒方面的相关正当理由（包括有关药品的使用者不足的情况），依照第 2 款的规定决定进行额外 5 年的续期申请。

4. 任何在批准后 3 年内没有在获批成员国市场实际上市的产品之许可无效。

5. 之前在批准许可的成员国市场上市的产品连续 3 年未真正出现

在市场上，则该产品许可应失效。

6. 主管部门可在特殊情况下和基于公共卫生的原因上，对第 4 款和第 5 款授予豁免权。这种豁免必须充分合理。

第 25 条

许可不得影响生产商的民事和刑事责任，且在适用的情况下，也不得影响上市许可持有人的相关责任。

第 26 条

应拒绝授予上市许可，如果经过对第 8、10、10a、10b 和 10c 条所列的详情和文件的审查，显然：

（a）认为风险收益平衡是不利的。

（b）其疗效未被申请人充分证实。

（c）其定性和定量构成与声明不符。

2. 如果提交的支持申请的细则或文件不符合第 8、10、10a、10b 和 10c 条的规定，应同样拒绝颁发许可。

3. 上市许可的申请人或持有人应对所提交文件和数据的准确性负责。

第 27 条

1. 基于以下目的，应设立协调小组：

（a）依照第 4 章所规定的程序，对任何有关两个或更多成员国药品上市许可的问题进行检查。

（b）根据第 107c、107e、107g、107k 和 107q 条，与成员国已批准药品的药物警戒相关问题的检查。

（c）根据第 35 条第 1 款，成员国批准的对上市许可变更相关问题的检查。

欧洲药品管理局应组建此协调小组的秘书处。为完成药物警戒任务（包括审批风险管理系统以及监督其有效性），协调小组应以欧盟第 726/2004 号法规第 56 条第 1 款第（aa）项提出的科学评估和药物警戒风险评估委员会的推荐为依据。

2. 协调小组应由每个成员国指定的一个代表组成，代表任期为 3 年。成员国可为下一个 3 年的任期指定一位替补代表。协调小组成员会被安排由专家陪同。

为完成任务，协调小组成员和专家应依据提供给国家主管部门的科学监管资源。每个国家主管部门应监督评估的专业知识水平，并为提名协调小组的成员和专家的活动提供便利。

第 726/2004 号 (EC) 法规第 63 条的规定适用于协调小组成员行为的透明度和独立性。

3. 协调小组应制定自身议事规则，该规则应经委员会认可后生效。本议事规则应被公开。

4. 欧洲药品管理局的执行董事或其代表以及委员会的代表应有权

参加协调小组的所有会议。

5. 协调小组成员应确保对小组的任务和国家主管部门的工作有适当的协调（包括与上市许可相关的咨询机关在内）。

6. 除非本指令另有规定，则协调小组中的成员国代表应尽自身最大努力就所采取的行动达成共识。若无法达成共识，则以协调小组中多数成员国代表的意见为准。

7. 即便在其职责终止后，协调小组成员也不应披露专业保密义务所覆盖的信息。

第四章　欧盟国家互认和分权程序

第 28 条

1. 为了在多个成员国中获得上市许可，申请人应在这些成员国中提交相同的材料。材料应包含第 8、10、10a、10b、10c 条中规定的资料和文件。所提交的文件应包括与申请相关的成员国列表。

申请人应要求将其中一个成员国作为"参照国"，并根据第 2 款或第 3 款的要求准备药品评估报告。

2. 若申请时药品已经获得上市许可，那么相关成员国应承认由"参照国"授予的上市许可。为此，上市许可持有人应要求"参照国"，或是准备药品评估报告，或是必要的话，更新现存的评估报告。参照国应在收到有效申请后 90 天内准备或更新评估报告。评估报告、获批药品特性概要、商标和包装说明书应一同送交相关成员国和申请人。

3. 若申请时药品尚未获得上市许可，申请人应要求"参照国"准备评估报告、产品特性概要、标签及包装说明书草案。"参照国"应在收到有效申请后 120 天内准备上述草案文件，并将其递送给相关成员国和申请人。

4. 相关成员国应在收到第 2、3 款所提文件的 90 天内，对药品评估报告、产品特性概要、标签及包装说明书进行审批，并通知相应"参照国"。"参照国"应记录各方达成的协议，审结审批程序并通知相应申请人。

5. 根据第 1 款的要求，提交申请的各成员国应在获知协议的 30 天内采纳与获批之药品评估报告、产品特性概要、标签及包装说明书相一致的决定。

第 29 条
1. 如果在第 28 条第（4）款规定的期限内，基于危及公共卫生的潜在严重风险，某成员国对药品评估报告、产品特性概要、标签及包装说明书未予批准，则其应就自身立场对"参照国"、其他相关成员国和申请人详细阐述原因。分歧点应立即送往协商小组进行协商。

2. 欧盟委员会所采用的指南应明确定义潜在的严重风险对公共卫生的影响。

3. 所有第 1 款提及的协调小组中的成员国均应尽最大努力就所采取的行动达成一致意见。其应给予申请人机会以口头或书面形式表达自己的观点。沟通分歧的 60 天之内,若成员国之间达成协议，"参照国"应就达成协议的一致意见进行记录、审结流程，并通知相应申请人。第 28 条第（5）款应适用。

4. 若各成员国未根据第 3 款的规定在 60 天之内达成一致意见，则依据第 32、33、34 条的申请程序，应立即通知欧洲药品管理局。应就各成员国间无法达成一致意见的事项向欧洲药品管理局提供一份详细说明并阐明分歧的原因。此文件的复件应转发给申请人。

5. 一旦申请人得知分歧事项已提交至欧洲药品管理局，则其应随即将第 28 条第（1）款第 1 小项提及的资料和文件的副本转发给欧洲药品管理局。

6. 在涉及第 4 款提及事项的情况下，已经采纳"参照国"批准的药品评估报告、产品特性概要草案和标签及包装说明书的成员国，应申请人的要求，无需等待第 32 条所规定程序的结果就可批准药品。在这种情况下，被批准的药品许可不应影响该程序的结果。

第 30 条

1. 根据第 8、10、10a、10b、10c 条，如果就某特殊药品所提交的申请中有两个或两个以上获得上市许可，并且如果各成员国就相关药品的上市许可、暂停或撤销采取了不同的决定，则根据第 32、33、34 条所制定的申请程序，成员国、欧盟委员会、上市许可申请人或持有人可将此事项提交到人用药品委员会进行仲裁，以下简称为"委员会"。

2. 为促进整个欧共体内药品上市许可的一致性，各成员国每年应给协调小组转发一份药品清单，描述药品特性的一致性概要。

协调小组应制定一份考虑到所有成员国建议的清单，并将此清单转发给欧盟委员会。

若欧盟委员会或某成员国与欧洲药品管理局达成一致并考虑各利益相关方的意见，可根据第 1 款的要求将这些药品送交人用药品委员会审查。

第 31 条

1. 在特殊情况下，如果涉及欧盟的利益，各成员国、欧盟委员会、上市许可申请人或持有人应在主管机构对上市许可的申请、暂停或撤销做出任何裁决之前，或是做出任何其他有关上市许可的必要变更之前，根据第 32、33、34 条规定的申请程序将相关事宜提交至人用药品委员会。

如果参考结果是由上市药品的药物警戒相关数据评估所致，相关事项应被提交至药物警戒风险评估委员会并适用第 107j 条第（2）款。药物警戒风险评估委员会应根据第 32 条所规定的程序给出建议。如适用，最终建议应被转发给人用药品委员会或协调小组（适用第 107k 条规定的程序）。

然而，当满足第 107i 条第（1）款所列举的任一标准时，则应适用第 107i 条到第 107k 条所规定的程序。

有关成员国或欧盟委员会应清晰界定提请人用药品委员会进行考虑的问题，并应通知上市许可申请人或持有人。

各成员国、上市许可申请人或持有人应给人用药品委员会提供所有与其所质疑的问题相关的资料。

2. 如果人用药品委员会给出的参考结果涉及一系列药品或某种治疗类别，则欧洲药品管理局应将申请程序限定于某些特定部分的上市许可。

在这种情况下，第 35 条应适用于这些药品（若其被包括在本章所提及的许可程序中的话）。

若依据本条所启动的议事范围涉及一系列药品或某种治疗类别，则根据第 726/2004 号（EC）法规授予许可的、属于此系列或类别之内的上市药品也应包括在该程序之内。

3. 在不影响第 1 款的情况下，当有必要采取紧急行动以保护公共卫生时，某成员国可在该程序的任何阶段暂停上市许可，并禁止相关药品在其领土上的使用，直到做出明确的裁决。该成员国应在下一个工作日前，将其行动的原因告知欧盟委员会、欧洲药品管理局和其他各成员国。

4. 根据第 2 款所明确的，若依据本条所启动的议事范围包括根据第 726/2004（EC）号法规所准予许可的药品，并且，若采取紧急行动对于保护公共卫生是必要的，则欧盟委员会可在该程序的任何阶段，暂停上市许可并禁止相关药品的使用，直到做出明确裁决。欧盟委员会应在不迟于下一工作日的时间里，将其所采取行动的原因告知欧洲药品管理局和各成员国。

第 32 条

1. 若供参考的裁决结果是依据本条所规定的程序而做出的，则人用药品委员会应考虑相关事项，并在事项提交的 60 天之内给出合理意见。

然而，在根据第 30、31 条的规定向人用药品委员会进行的提请中，考虑到相关上市许可申请人或持有人的意见，这一期限可被人用药品委员会延长至 90 天。

在紧急情况下，根据主席的意见，人用药品委员会可同意一个更短的期限。

2. 考虑到上述事项，人用药品委员会应指定其中一名成员作为记录员。委员会也可指定个别专家对特殊问题提出建议。当指定专家时，委员会应明确其任务，并规定完成这些任务所需的时限。

3. 在发布意见前，人用药品委员会应给予上市许可申请人或持有人机会，在其规定的有限时间内，呈上他们的书面或口头解释。

委员会的意见中应包括产品特性概要草案和标签及包装说明书的草案文本。

在此之前，若必要，委员会可号召其他任何人提供与此事相关的信息。

为允许上市许可申请人或持有人准备陈述，人用药品委员会可暂停第 1 款提及的时间限制。

4. 若委员会做出如下意见，欧洲药品管理局应立即通知上市许可申请人或持有人：

（a）申请不满足许可标准。

（b）根据第 11 条，上市许可申请人或持有人所提议的产品特性概要应被修订。

（c）鉴于包括药物警戒在内的药品使用过程中的安全性和有效性被视为是必要的，因此授予许可应受限。

（d）上市许可应暂停、变更或撤回。

在收到意见后的 15 天之内，上市许可申请人或持有人可以书面形式将其意图通知欧洲药品管理局，要求对其意见进行重新审理。在这种情况下，其应在收到意见后的 60 天之内将请求重审的具体理由转交给欧洲药品管理局。

在收到申请理由的 60 天之内，根据第 726/2004 号（EC）法规第 62 条第（1）款第 4 小项的规定，人用药品委员会应对申请人的意见进行重新审理。达成结论的原因应被附在本条第 5 款提及的评估报告中。

5. 在采用后的 15 天之内，欧洲药品管理局应将人用药品委员会的最终意见转交给各成员国、欧盟委员会、上市许可申请人或持有人，并将药品评估报告及其结论所陈述的原因一并上交。

如果意见中支持授予或保留药品上市许可，则意见上应附加文件如下：

（a）第 11 条提及的产品特性概要草案。

（b）在第 4 款的旨意下，影响许可的任何条件。

（c）关于药品安全有效使用的任何建议或限制条件的细节。

（d）标签和包装说明书的建议文本。

第 33 条

在收到意见的 15 天之内，欧盟委员会应结合欧共体法律编写有关申请的决议草案。

若决议草案考虑授予上市许可，则应附加第 32 条第（5）款第二小项所提及的文件。

特殊情况下，若决议草案没有采纳欧洲药品管理局的建议，欧盟委员会也应就分歧原因附加一份详细的解释。

决议草案应被转发给各成员国和上市许可申请人或持有人。

第 34 条

1. 欧盟委员会应依据第 121 条第（3）款所提及的程序，并在程序结束后的 15 天之内，做出最终决议。

2. 第 121 条第（1）款建立的常务委员会的议事规则，应根据本章中的现行任务进行调整。

这些调整应包括以下规定：

（a）除了第 33 条第 3 款提及的情况，常务委员会的意见应以书面形式呈现。

（b）各成员国有 22 天的时间向欧盟委员会提交决议草案的书面

观察结果。然而，如果决议紧急，则可由主席根据紧急程度设立一个较短的时间。除非在特殊情况下，否则时间限制不应少于5天。

（c）各成员国有权就"决议草案应在常务委员会全体委员会中进行讨论"事宜提交书面申请。

如果，根据委员会的意见，某成员国的书面观察结果对科学或技术的本质提出了新问题，而这在欧洲药品管理局提交的意见中并没有被涉及，则主席应暂停程序并将申请驳回到欧洲药品管理局做进一步考虑。根据第121条第（2）款提及的程序，履行本款的必要条件应被欧盟委员会采纳。

3. 第1款提及的决议应针对所有成员国，并对上市许可持有人或申请人报告相关信息。相关成员国和参照国应授予或撤回上市许可，或必要时变更其条件，以保证可在通告后30天之内履行决议。同时，各成员国和参照国应转达此项决议并相应地通知欧盟委员会或欧洲药品管理局。

根据本指令第31条第（2）款第3小项的要求，如果第31条中所制定的议事范围包括由第726/2004号（EC）法规所许可的药品，则必要情况下欧盟委员会应采取决议以变更、暂停或撤销上市许可或拒绝相关上市许可的续期。

第35条
1. 上市许可持有人依据本章规定对已获批的上市许可进行的变更申请，应提交给之前批准相关药品的所有成员国。

2. 在提请欧盟委员会仲裁的情况下，第32条、33条、34条所规定的程序应依次适用于对上市许可所做的变更。

第 37 条

第 35 条应依次适用于各成员国依据人用药品委员会的意见授予许可的药品，且人用药品委员会的意见需遵照 1995 年 1 月 1 日之前的第 87/22 号（EEC）指令第 4 条的规定做出。

第 38 条

1. 欧洲药品管理局应公布本章所规定的操作程序的年度报告，并应将该报告提交至欧洲议会和理事会，以保存信息。

2. 欧盟委员会应至少每十年发布一份有关按照本章程序所述获得的经验报告，还应提出改进这些程序的必要修订建议。欧盟委员会应将该报告提交至欧洲议会和理事会。

第 39 条

第 29 条第 4、5、6 款，以及第 30~34 条不适用于第 14 条中提到的顺势疗法药品。

第 28~34 条不适用于第 16 条第 2 款中提到的顺势疗法药品。

第四篇 | 药品生产和进口

第 40 条

1. 各成员国应采取一切适当措施确保其境内的药品生产遵守许可中的规定。尽管药品生产的目的是出口，也要求有生产许可。

2. 无论是整装生产还是部分生产，乃至分离、包装或提取等各种加工过程均应具有第 1 款提及的生产许可。

然而，对于仅用于零售供应，由调剂药房的药剂师或被成员国法律许可的人士所进行的制备、分离、变更包装等加工过程则不要求具有此类生产许可。

3. 从第三国进口到成员国的药品需要有第 1 款提及的许可；若要生产进口药品必须符合本篇和第 118 条的相关规定。

4. 各成员国应在第 111 条第（6）款提及的欧盟数据库中输入本条第 1 款提及的相关许可信息。

第 41 条

为了获得生产许可，申请人应至少满足以下要求：

（a）详细描述即将生产或进口的药品和药物剂型以及其生产和（或）质控的场所。

（b）根据第 20 条的规定，对于上述提到的药品生产或进口，应有适当和足够的场所供申请人自由使用，并且可供申请人支配的技术设备和控制设施应符合相关成员国在药品生产、质控和储存方面的法律要求。

（c）至少须有一位第 48 条所指的合规人员可为申请人提供服务。申请人应在其申请中提供支持以上条款的资料。

第 42 条

1. 成员国主管部门只有在依托其代理机构开展调查核实申请人依据第 41 条所提供的资料的准确性之后，方可颁布生产许可。

2. 为确保符合第 41 条所提及的要求，在完成所赋予的特定义务的条件下方可批准授予许可，不管该义务是在批准许可时被赋予还是在此之后被赋予。

3. 许可应只适用于申请中指定的场所、药品和药物剂型。

第 43 条

各成员国应采取一切适当措施确保批准生产许可的程序所需的时间，从主管部门接到申请当天开始，不超过 90 天。

第 44 条

若生产许可持有人申请对第 41 条第 1 款的（a）点和（b）点所提及的任何细则进行变更，则与该申请相关的程序所需的时间不应超过 30 天。特殊情况下，该期限可延长至 90 天。

第 45 条

成员国主管部门可以要求申请人提供第 41 条规定的有关资料和第 48 条提及的合规人员的进一步信息；若相关主管部门行使这一权利，则第 43 条、44 条中提到的申请时限应暂停，直到申请人提供额外所需的数据为止。

第 46 条

生产许可持有人应至少有义务：

（a）具有可供其使用的、在生产和质控方面均能遵守相关成员国现有法律要求的员工服务。

（b）依照相关成员国立法要求对已获许可的药品进行处置。

（c）提前通知主管部门，若其想对第 41 条要求提供的细则做任何变更的话；另外，若第 48 条提及的合规人员意外更换，则无论在任何情况下均应立即通知主管部门。

（d）允许相关成员国主管部门的代理机构随时到访其处所。

（e）确保第 48 条所指的合规人员履行其职责，比如对所有必要设施进行自主评价。

（f）遵守药品良好生产规范的原则和指导方针，并只采用按照良好生产规范生产、按照良好分销规范分销的活性物质。有鉴于此，生产许可持有人应审查活性物质生产商和分销商的生产和分销地点，以核实活性物质生产商和分销商遵守良好生产规范和分销规范的情况。生产许可持有人应在本指令规定下不带有职责偏见地亲自核实，或依合同委托某企业代为核实上述遵守情况。

生产许可持有人应通过确定何谓"适当的良好生产规范"，确保药品中使用辅料的适用性。这些应依据第 47 条第 5 款提及的适用准则，在正式的风险评估基础上确定。该风险评估应考虑到其他适当质量体系的要求、辅料的来源和预期用途以及质量缺陷的前期实例。生产许可持有人应确保"适当的良好生产规范"根据上述规定被确定和应用。生产许可持有人应对本款中的措施进行记录。

（g）若生产许可持有人获知其生产许可范围内的药品是（被怀疑是）伪劣药品，则无论该药品是通过合法的供应链进行分销，还是以非法手段分销（包括以信息社会服务手段的非法销售），均应立即通知主管部门和上市许可持有人。

（h）核实所采购的活性物质的生产商、进口商或分销商在其设立地的欧盟成员国主管部门的注册情况。

（i）核实活性物质和辅料的真实性和质量。

第 46a 条
就本指令而言，用作起始原料的活性物质的生产应包括附件 I 第 1 部分第 3.2.1.1（b）点所定义的用作起始原料的活性物质的全部或部分生产或进口，以及在其掺入药品之前的分离、包装或提取等各种程序，包括诸如此类的、由起始原料的分销商进行的重新包装或重新标记等。

2.欧盟委员会有权根据科技进步的情况对第 1 款进行调整。旨在修正本指令非必要元素的举措应依照第 121(2a) 条提及的监管和审查程序进行。

第 46b 条

1.各成员国应采取适当措施确保在其领土范围生产、进口和分销的活性物质，包括用于出口的活性物质，遵守活性物质的良好生产和分销规范。

2. 只有满足下列条件，方可进口活性物质：

（a）该活性物质至少是依照与欧盟在第 47 条第 3 款关于良好生产规范的规定等同的标准制造的。

（b）该活性物质应附带第三方出口国家主管部门的以下书面确认：

（I）厂家生产出口活性物质所遵照的良好生产规范的标准至少与欧盟根据第 47 条第 3 款制定的标准等同。

（II）相关生产厂家具有常规、严格和透明的质量控制，并能够有效实施良好生产规范，包括重复和突击检查，以确保其对公共卫生的保护至少等同于欧盟。

（III）若发现未遵守相关规定的情况，第三方出口国应立即将该情况的信息提供给欧盟。

该书面确认不得违背第 8 条和第 46 条第（f）点规定的义务。

3. 如果出口国家被包括在第 111b 条提及的名单上，则本条第 2 款（b）点规定的要求不适用。

4. 若厂家生产的出口活性物质经某成员国检查被认定遵守了第 47 条第 3 款规定的良好生产规范的原则和指导方针，则在特殊情况下和必要时，为确保药品的可用性，本条第 2 款（b）点规定的要求可被任意成员国豁免，豁免期限不准超过良好生产规范证书的有效期。各成员国使用豁免权时应就此与欧盟委员会沟通。

第 47 条

第 46 条第（f）款提及的药品良好生产规范的原则和指导方针应采用"指令"的形式。所采用的本指令非必要元素的补充修订措施应依照第 121 条第 (2a) 款提及的监管和审查程序进行。

欧盟委员会应发布符合药品良好生产规范原则的具体指导方针，并根据技术进步和科学发展进行必要的修订。

欧盟委员会应依照第 121a 条的授权行为和第 121b、121c 条规定的限制条件，采用第 46 条第 1 款（f）点和第 46b 条提及的活性物质良好生产规范的原则和指导方针。

欧盟委员会应以"指导方针"的形式采用第 46 条第 1 款（f）点提及的"活性物质良好分销规范"的原则。

欧盟委员会应采用第 46 条第 2 款（f）点提及的关于确定"辅料良好生产规范"之适当正式风险评估的指导方针。

第 47a 条

1. 不应（全部或部分地）祛除或覆盖第 54 条第（o）点提及的"安全保护措施"，除非满足以下条件：

（a）在部分地或完全祛除、覆盖这些"安全保护措施"之前，生产许可持有人已核实相关药品是真实的，并未被篡改。

（b）生产许可持有人用可能在核实药品真伪、标识以及提供篡改证据方面等效的"安全保护措施"取代第 54 条（o）点规定的"安全保护措施"。此种替代应在不打开第 1 条第 23 点所述的内部包装的前提下进行。

"安全保护措施"应视为等效，如果其：

（I）符合依照第 54a 条第（2）款所采用的授权行为中规定的要求。

（II）在验证药品真伪、识别药品身份、提供篡改证据方面具有同等效力。

（c）依照适用的良好生产规范进行"安全保护措施"的替换。

（d）在主管部门的监督下进行"安全保护措施"的替换。

2. 生产许可持有人（包括那些进行本条第 1 款提及之活动的人）应被视为生产者并根据第 85/374 号（EEC）指令规定的条款承担

损害赔偿责任。

第 48 条

1.各成员国应采取一切适当措施确保生产许可持有人至少拥有一名可供其自由支配的合规人员为其持续不断地提供服务。该合规人员应该符合第 49 条规定的条款,并负责履行第 51 条规定的职责。

2.若许可持有人本人满足第 49 条规定的条款,则其可自己承担第 1 款提及的责任。

第 49 条

1.各成员国应确保第 48 条提及的合规人员满足本条第 2 和第 3 款规定的资格条件。

2.合规人员应拥有因完成大学课程或被相关成员国认可的、具有同等效力的课程学习而被授予的文凭、证书或其他正式资格证明,且在下列学科之一进行至少四年的理论和实践学习:药学、医学、兽医学、化学、药物化学与技术、生物学。

然而,若课程紧跟一个最短为期一年的理论和实践培训,并包含一个由大学水平的考试认证、至少为期 6 个月的公众药房实习的话,则大学课程最短周期可为三年半。

若涉及两所大学课程或两个成员国共有的、国家认可为等效的课程,一个为期四年,另一个为期三年,只要完成课程后被授予的文凭、证书或其他正式资格证明被国家视为具有同等效力,那么,完成课程后被授予文凭、证书或其他正式资格证明之三年期的课程,或者被认可的、三年期等效课程均应被视为满足了第二小项提及的期限条件。

课程至少应包括以下基本科目的理论和实践学习：

● 实验物理学
● 普通与无机化学
● 有机化学
● 分析化学
● 药物化学，包括药物分析
● 普通与应用生物化学（医药）
● 生理学
● 微生物学
● 药理学
● 制药技术
● 毒理学
● 生药学（学习源自植物和动物的天然活性物质的构成和作用）

应该平衡对这些科目的学习以确保有关人员履行第 51 条所规定的义务。若第 1 小项中提到的特定文凭、证书或其他正式资格证明未满足本款规定的标准，则成员国主管部门应确保有关人员能提供具有所涉及科目充分知识的证明。

3. 合规人员应具备两年以上在一个或多个药品生产企业工作的实践经验，从事药品定性分析，活性物质定量分析，进行必要的检验和检查等活动以确保药品质量。

若大学课程在五年以上，则实践经验的要求期限可减少一年，若课程在六年以上，则实践经验的要求期限可减少一年半。

第 50 条

1. 在第 75/319 号（EEC）指令适用期间，在某成员国从事第 48 条提及的活动的人员未遵守第 49 条的条款，有权继续在欧共体内从事该项活动。

2. 依照成员国法律，应允许完成大学课程或有关成员国认可的等效课程后，拥有某门学科文凭、证书或其他正式资格证明的持有人从事第 48 条提及的人员活动。如果其在 1975 年 5 月 21 日之前开始课程学习，并且于 1985 年 5 月 21 日之前曾在一个以上药品生产企业从事下列活动至少两年：为确保药品质量进行的生产监管和（或）活性物质定性和定量分析以及在第 48 条提及的人员的直接授权下进行的必要检验和检查，则根据本指令的通知，其被认为有资格在该国履行第 48 条提及的人员责任。

如果有关人员所具备的第 1 小项提及的实践经验始于 1965 年 5 月 21 日之前，则依照第 1 小项提及的条件，在其从事类似活动之前，需要即刻完成额外一年的实践经验。

第 51 条

1. 各成员国应采取一切适当措施确保第 48 条提及的合规人员（在不影响其与生产许可持有人关系的前提下）在第 52 条提及的程序背景下，负责担保：

（a）就有关成员国内生产的药品而言，每批均应依照该成员国现行法律和上市许可要求进行生产和检查。

（b）对于来自第三国的药品（不管是否在欧共体生产），每个生产批次均应在成员国内进行全面的定性分析、全部活性物质的定量分析以及所有其他必要检验和检查以确保药品质量符合上市许可的要求。

第48条提及的合规人员应确保第54条（o）点提及的"安全保护措施"已经被附在即将在欧盟市场上投放的药品的包装上。

经过某成员国管制并附带有合规人员签名的管制报告的药品批次，在其他成员国上市时应免除管制。

2. 就从第三国进口的药品而言，若欧共体和出口国家已采取适当举措确保药品生产商至少采用了与欧共体规定等效的良好生产规范的标准，并确保出口国家实施了第1款第1小项（b）点提及的管制，则合规人员可被免除执行上述管制的责任。

3. 在任何情况下，尤其是药品发布销售时，合规人员必须在注册文件或为此目的提供的等效文件中证明每个生产批次均符合本条条款。上述注册和等效文件必须随经营业务而不断更新，并且必须可供主管部门的代理人在相关成员国条款规定的期限内自由使用，任何情况下，至少为期5年。

第52条

各成员国应通过适当的行政措施或敦促其遵守职业行为准则，确保第48条提及的合规人员履行其职责。

对于未履行义务的合规人员，各成员国可规定在对其的行政或纪律处分程序生效后暂时中止其工作。

第 52a 条

1. 设立在欧盟的活性物质进口商、制造商和分销商应在其设立成员国的主管部门对其经营活动进行注册。

2. 注册登记表应至少包括以下信息：

（i）姓名、公司名称和永久厂址。

（ii）拟进口、生产或分销的活性物质。

（iii）有关其经营活动的场所和技术设备的细则。

3. 第 1 款提及的人员应在其预期经营活动开始前至少 60 天向主管部门提交注册登记表。

4. 主管部门可依据风险评估状况决定是否进行检查。若主管部门在收到注册登记表 60 天之内通知申请人将进行检查，则在主管部门通知申请人可以开始经营活动前不得从事任何经营活动。如果收到注册登记表 60 天之内主管部门未通知申请人进行检查，则申请人可开始从事经营活动。

5. 第 1 款提及的人员应每年与主管部门就注册登记表上的信息所发生的变化进行沟通。任何对生产、进口或分销的活性物质的质量和安全性有影响的变化均必须立即通知主管部门。

6. 第 1 款提及的人员若在 2013 年 1 月 2 日之前开始从事经营活动，则其应在 2013 年 3 月 2 日前向主管部门提交注册登记表。

7. 各成员国应在第 111 条第（6）款提及的欧盟数据库中输入依照本条第 2 款的规定提供的信息。

8. 本条应不得违背第 111 条的规定。

第 52b 条

1. 尽管有第 2 条第（1）款的规定，在不影响第七篇的情况下，若有足够理由怀疑药品是伪劣药品，则各成员国应采取必要措施阻止那些被引入欧盟但不意欲投放在欧盟市场的药品进入流通。

2. 为确立何谓本条第 1 款提及的必要措施，当评估引入欧盟但不意欲投放市场的药品的潜在伪劣性时，欧盟委员会可在第 121b、121c 条制定的限制条款下，通过第 121a 条的授权行为，采取措施在拟考虑的标准和拟做的验证方面补充本条第 1 款的规定。

第 53 条

本篇条款适用于顺势疗法药品。

第五篇 | 标签和包装说明书

第 54 条

以下事项应在药品的外包装上显示，若没有外包装则应显示在直接接触药品的包装上：

（a）若适用，无论药品用于婴儿、儿童还是成人，应标记附有规格和剂型的药品名称；若药品包含高达三种活性物质，则应标记国际非专有名称 (INN)，如果没有国际非专有名称，则标记常用名。

（b）每一剂量单位的活性物质的定性和定量说明，或根据给药形式确定的体积或重量说明。描述时应使用通用名。

（c）药物形式和含量（按产品剂量的重量、体积、数量计）。

（d）已知明确作用或效果的辅料列表，以及根据第 65 条发布的详细指导方针所包括的辅料的列表。然而，如果该产品是注射、外用或眼用制剂，则必须陈列所有辅料。

（e）给药方法，若必要，标明给药途径和所规定的处方剂量空间。

（f）药品必须储存在儿童接触不到或看不到的地方的特殊警告。

（g）特殊警告，如果对该药品必要的话。

（h）明确表述的有效期（月／年）。

（i）特殊储存注意事项（若有）。

（j）关于未用药品或药品衍生的废物的特殊处置事项，以及得当的回收系统的参考提示（若适用）。

（k）上市许可持有人的名称和地址，以及持有人指定的代理人名称（若适用）。

（l）投放到市场上的药品许可编号。

（m）制造商批号。

（n）非处方药的话，标注使用说明。

（o）对于药品而不是第 54a 条第（1）款提及的放射性药物来说，标注"安全保护措施"信息以使批发分销商或被许可／授权向公众供应药品的人可以：

● 验证药品的真伪。

●验明个别包装，并配置一个可用于验证外包装是否被篡改的装置。

第 54a

1.处方药应包含第 54 条（o）点提及的"安全保护措施"，除非它们已经依照本条第 2 款（b）点规定的程序上市。

非处方药应无需包含第 54 条（o）点提及的安全措施，除非，作为例外，其已经依照本条第 2 款（b）点规定的程序在进行伪造风险评估后上市。

2.欧盟委员会可在第 121b、121c 条制定的限制条款下，通过第 121a 条的授权行为，采取措施为第 54 条（o）点提及的"安全保护措施"建立详细的规则，以补充第 54 条（o）点的规定。

这些授权行为应阐明：

（a）第 54 条（o）点提及的、用于验证药品真伪和个别包装的"安全保护措施"之唯一标识符的特点和技术规范。当设立"安全保护措施"时，应适当考虑成本效益。

（b）药品或药品分类的列表，指明不必包含第 54 条（o）点提及的"安全保护措施"的处方药，以及应该包含"安全保护措施"的非处方药。建立这些列表时应考虑药品风险以及源自药品或药品分类的伪造风险。为此，至少应适用下列标准：

（i）药品价格和销量。

（ii）欧盟及第三国报道的伪劣药品先例的数量和频率，以及迄今为止这种数量和频率的演变情况。

（iii）有关药品的具体特性。

（iv）拟治疗情况的严重性。

（v）公共卫生的其他潜在风险。

（c）第 4 款规定的通知欧盟委员会的程序以及为适用（b）点之目的评估和裁决类似通知的快速反应系统；

（d）制造商、批发商、药剂师、有权／有资质向公众供应药品的人员以及主管部门鉴别第 54 条（o）点提及的"安全保护措施"的验证方式。这些方式应允许验证具有第 54 条（o）点提及的"安全保护措施"的每包药品的真实性并能够决定验证的程度。当设立这些验证方式时，应考虑各成员国的供应链特性以及确保这些验证方式对供应链中特定参与者的适当影响之需求。

（e）关于资料库系统的建立、管理和可访问性的规定，根据第 54 条（o）点的规定，其中应包括可用于验证药品真伪和身份的"安全保护措施"信息。资料库系统的成本应由持有"安全保护措施"的药品生产许可持有人承担。

3. 当采取第 2 款提及的措施时，欧盟委员会应至少适当考虑以下情况：

（a）欧盟法律规定的对个人数据的保护。

（b）保护商业机密信息的合法权益。

（c）使用"安全保护措施"所产生的数据的归属和保密性。

（d）各类措施的成本效益。

4.国家主管部门应将其判断的伪造风险通知非处方药品委员会，同时，也可以将其根据本条第2款（b）点规定的标准认为不存在的风险通知药品委员会。

5.各成员国可出于报销或药物警戒之目的，将第54条（o）点提及的唯一标识符的适用范围扩展到任何处方药或可报销的药品。

各成员国可出于报销、药物警戒或药物流行病学之目的，使用本条第2款（e）点提及的资料库系统中所包含的信息。

各成员国可出于保护患者安全之目的，将第54条（o）点提及的防篡改装置的适用范围扩展至任何药品。

第55条

1.在直接接触药品的包装上应显示第54条规定的具体事项而非本条第2、3款提及的事项。

2.应至少在直接接触药品的包装（直接接触药品的包装应采用泡罩包装的形式并置于符合第54和62条规定要求的外包装内）上显示下列详细事项：

●第54条（a）点规定的药品名称

- 将药品投放到市场上的上市持有人名称
- 有效期
- 药品批号

3. 应至少在较小单位的、无法显示第 54 和 62 条规定事项的内部包装上显示下列详细事项:

- 第 54 条（a）点规定的药品名称及给药途径（若必要）
- 给药方法
- 有效期
- 药品批号
- 按重量、体积或单位计的药物含量

第 56 条

第 54、55 和 62 条提及的事项应清晰易懂、易于理解、不能拭除。

第 56a 条

第 54 条（a）点提及的药品名称必须在包装上以布莱叶盲文形式显示。上市许可持有人应根据患者组织的要求以适当格式确保包装信息说明书对盲人或弱视患者可用。

第 57 条

尽管有第 60 条的规定，各成员国仍可要求使用特定格式的药品标签以使下列事项可被确定:

- 药品价格
- 社保组织的报销条件

●符合第六篇向患者供应药品的合法地位

●符合第 54a 条第（5）款规定的药品真伪和身份。

对于依据第 726/2004 号（EC）法规许可的药品，当适用本条时，各成员国应遵守本指令第 65 条提及的详细指导原则。

第 58 条

在药品包装中列入包装说明书是强制性的，除非第 59 和 62 条所要求的全部信息已直接在外部包装或内部包装上描述。

第 59 条

1. 包装说明书应依照药品特性概要拟定，包括以下要求：

（a）用于药品鉴定：

i）附带规格和剂型的药品名称——无论其拟用于婴儿、儿童还是成年人的药品（若适用）。若药品只包含一种活性物质并且药品名称是自己命名的，则应注明通用名。

ii）以患者易于理解的形式描述的药物治疗组或作用类型。

（b）治疗适应证。

（c）服用药品前的必要信息列表：

i）禁忌证。

ii）适当使用的注意事项。

iii）可能影响药品作用的药物相互作用形式以及其他相互作用形式（例如酒精、烟、食物）。

iv）特别警告。

（d）正确使用的必要和常用说明，特别是：

i）剂量。

ii）给药方法，若适用，标注给药途径。

iii）给药频率，指定可以或必须给药的合适时间（若必要）以及药品性质（若适用）。

iv）治疗周期（若需要被限制的话）。

v）用药过量时可采取的措施（如症状、应急程序）。

vi）一个或多个剂量漏服时的做法。

vii）戒断反应的风险提示（若必要）。

viii）向医生或药剂师咨询产品使用说明的具体建议（若适用）。

（e）正常用药情况下的不良反应描述，如必要，注明此种情况下可采取的措施。

（f）标签上显示的参考有效期：

i）使用过期产品的警示。

ii）特殊储存注意事项（若适用）。

iii）关于某些明显劣化迹象的警示（若必要）。

iv）活性物质的全部定性成分（在活性物质和辅料中）和定量成分，描述药品时使用通用名。

v）对药品剂型和含量（以重量、体积或剂量单位计）的逐一介绍。

vi）上市许可持有人的名称和地址，以及其在各成员国的委托代理人名称（若适用）。

vii）制造商的名称和地址。

（g）若依照第 28 到 39 条许可的药品在各相关成员国具有不同的名称，则需要列出在每个成员国的许可名称列表。

（h）包装说明书的最新修订日期。

对于第 726/2004 号（EC）法规第 23 条提及的列表中的药品，应包括下列附加说明"该药品受附加监管的限制"此说明应被置于第 726/2004 号（EC）法规第 23 条提及的黑色符号前面并应紧跟一个适当的、标准化的解释语句。

所有药品均应包含一个标准文本，明确要求患者将任何疑似不良反应转达给他（她）的医生、药剂师、专业医护人员或直接上传给第 107a 条第（1）款提及的"全国自发报告系统"并遵守第 107a 条第（1）款第二小项的规定指定可用的不同报告方式（电子报告、邮政地址和（或）其他）。

2. 第 1 款（c）点制定的列表应：

（a）考虑某类用户（儿童、孕妇或哺乳期妇女、老年人、有特殊病情的人员）的特殊情况。

（b）提及对驾驶车辆或操作机器能力的可能影响（若适用）。

（c）列出依据第 65 条公布的具体指导方针中所包含的、对药品安全性和有效使用具有重要意义的辅料知识。

3. 包装说明书应反映目标患者群体的诊疗结果以确保其清晰、明确和易于使用。

4. 2013 年 1 月 1 日之前，欧盟委员会应向欧洲议会和理事会就产品特性概要和包装说明书的现有缺陷提交评估报告及其改进措施以更好地满足患者和专业医护人员的需求。欧盟委员会应据此报告与适当的利益相关者磋商，提出改善文件可读性、布局和内容的建议（若适用）。

第 60 条

若药品标签及说明书符合本篇要求，则各成员国不得以与之相关的理由禁止或阻碍药品在其境内上市。

第 61 条

1. 申请上市许可时，应将一个或多个药品的外部包装和内部包装模版以及草拟的包装说明书一并提交给上市许可主管部门。与目标患者群体合作进行的评估结果也应提供给主管部门。

2. 若标签或包装说明书不符合本篇规定或其未遵守产品特性概要中列出的具体事项，则主管部门应拒绝上市许可。

3. 所有本篇包括的、与产品特性概要无关的标签或包装说明书方面的动议变更均应提交给主管部门用于上市申请。若在提出要求后的 90 天内，主管部门未驳回提议变更，则申请人可将变更生效。

4. 主管部门未以第 2 款为由拒绝上市许可或未以第 3 款为由拒绝变更标签或包装说明书的事实，不改变生产商和上市许可持有人的一般法律责任。

第 62 条

外部包装和包装说明书中可以包括符号或图标（用于说明第 54 条和第 59 条第（1）款提及的某些信息）以及其他与产品特性概要一致的、对患者排除带有促销性质的元素有利的信息。

第 63 条

1. 出于本指令目的，第 54、59 和 62 条所列的药品标签事项应以药品上市地之成员国指定的一种或多种官方语言予以描述。
第 1 小项不应妨碍药品标签事项以多种语言描述，前提是所使用的多种语言描述的是相同事项。

根据合理要求，对于某些罕见病药品，第 54 条所列项目可仅以一种欧共体官方语言描述。

2. 包装说明书必须以清晰易懂的方式书写和设计，目的是当有必要借助专业医护人员的帮助时，可指导用药者正确行动。出于本指令目的，包装说明书必须清晰易懂并使用药品上市地之成员国指定的一种或多种官方语言。

第 1 小项不应妨碍包装说明书以多种语言印刷，前提是所使用的多种语言描述的是相同信息。

3. 若不打算将药品直接交付给患者或药品的可用性有严重问题，主管部门可在符合其认可的保护人类健康的必要措施的前提下，对某些标签和包装说明书中所显示事项的强制规定准予豁免。同时，主管部门也可以全部或部分豁免在标签和包装说明书上必须使用药品上市地之成员国指定的一种或多种官方语言的强制规定。

第 64 条
若本篇规定未被遵守或送达有关人员的通知书未起作用，则成员国主管部门可暂停上市许可，直到存在问题的药品标签和包装说明书符合本篇要求。

第 65 条
经与各成员国和各相关方磋商，欧盟委员会应起草并公布相关详细指导原则，特别是：

（a）某类药品的特殊警告措辞。

（b）非处方药品的特定信息需求。

（c）标签和包装说明书事项的易读性。

（d）药品的鉴别和认证方法。

（e）必须标记在药品标签上的辅料列表以及这些辅料必须标记的方式。

（f）实施第 57 条的统一规定。

第 66 条

1. 含放射性核素的药品的外包装箱和容器应依照国际原子能机构制定的放射性材料安全运输的规定进行标记。此外，标记应符合第 2 款和第 3 款的规定。

2. 放射性药品防护层上的标签应包括第 54 条提及的细节。此外，防护层上的标签应将药瓶上的编码标注完整，并在必要处标明规定的有效时间和日期、每剂或每瓶药的放射性物质含量、容器中的胶囊数量以及液体药品的毫升数。

3. 药瓶上应标注下列信息：
- 药品名称或编码，包括放射性核素的名称或化学符号。
- 批量认证和有效期。
- 放射线的国际符号。
- 制造商名称和地址。
- 第 2 款指定的放射线剂量。

第 67 条

主管部门应确保放射性药物、放射性核素发生器，放射性核素套件或放射性核素前体的包装内随附详细的说明书。说明书内容应依照第 59 条的规定制定。此外，说明书应包括用户和患者在药品的制备和管理过程中采取的预防措施以及丢弃包装和未使用部分的特别注意事项。

第 68 条

在不影响第 69 条的规定的情况下，顺势疗法药品应依照本篇规定进行标注，以清晰、易读的形式通过标签上的参考指南标识其顺势疗法的性质。

第 69 条

1. 除了需明确提及 "顺势疗法药品" 字样外，第 14 条第（1）款提及的药品标签以及适当情况下的包装说明书应包含以下信息（此外，别无其他）：

● 原料或稀释原料的学名，使用第 1 条第（5）款规定的药典符号。如果顺势疗法药品是由两个或更多原料组成，标签上的原料学名可由命名的名称补充。

● 注册登记人姓名和地址，酌情注明制造商名称和地址。

● 给药方法，必要的话，注明给药途径。

● 有效期，以明确的术语说明（月，年）。

● 药物剂型。

● 销售宣传内容。

● 特殊储存注意事项（如适用）。

● 如必要，药品的特殊警示。

● 制造商批次编号。

● 注册编号。

● 无批准治疗适应证的顺势疗法药品。

● 如果症状持续，建议用户咨询医生的警告。

2. 尽管有第 1 款的规定,成员国可要求使用特定类型的标签以显示:

● 药品的价格。

● 由社会保障机构办理退款的条件。

第六篇 | **药品分类**

第 70 条

1. 批准上市许可时，主管部门应明确划分药品分类：

● 处方药
● 非处方药

为此，适用第 71 条第（1）款所规定的标准。

2. 对于只有凭医疗处方方可使用的药品，主管部门可确定其子范畴。在这种情况下，应参考以下分类：

（a）需更新处方或不需更新处方给付的处方药。

（b）特殊处方药。

（c）在特定专业领域保留使用的限制级处方药。

第 71 条

1. 在下列情况，药品应受医疗处方约束：

● 如果没有医务监督，即使使用正确也可能直接或间接出现危险。

● 经常错误使用或很大程度上错误使用，结果可能对人体健康有直接或间接危害。

● 含有某种物质或制剂，其活动和（或）副作用需进一步研究。

● 一般由医生开处方的胃肠外给药。

2. 成员国规定特殊处方药的二级目录时，应该考虑下列因素：

● 药品中所含的麻醉或精神类物质含量超过现行国际公约所指的非豁免剂量，如 1961 年和 1971 年的联合国公约。

● 若使用不当，该药品可能导致药品滥用的巨大风险，致使上瘾或被非法滥用。

● 药品中包含某种物质，因其新颖性或特性而被视为第二部分假设的一种预防措施。

3. 成员国规定限制级处方药的二级目录时，应考虑以下因素：

● 因其药物特性或新颖性或出于公共卫生方面的利益考虑，只预留在医院环境中使用的药品。

● 用于治疗的药品必须在医院环境或在有完备诊断设施的机构进行诊断，尽管其也可以在其他地方给药和随访。

● 药品适用于门诊，但其使用会产生严重不良反应，需要根据专家要求和整个治疗过程的特殊监管要求草拟处方。

4. 考虑到以下因素，主管部门可以豁免第 1、2、3 款的应用：

（a）最大单次剂量、最大日剂量、规格、药物剂型、特定包装类型。

（b）已指定的其他使用条件。
如果药品未被主管部门列入第 70 条第 (2) 款提及的子范畴，应考虑本条第 2、3 款提及的标准以决定药品是否应仅被列为处方药。

第 72 条
非处方药指不满足第 71 条所列标准的药品。

第 73 条
主管部门应在其领土内拟定处方药目录，如有必要，指定分类类别，并每年更新此目录。

第 74 条
当新情况被提请注意时，主管部门应根据第 71 条所列标准检查并酌情修订药品分类。

第 74a 条
基于重要临床前研究或临床试验结果而批准更改的药品分类，在初始变更批准一年之后，若另一申请人或上市许可持有人对同一物质分类的变更申请重新审查，则主管部门不应参考上述试验结果。

第 75 条

成员国应每年就第 73 条提及的处方药目录变更事宜与欧盟委员会以及其他成员国进行沟通。

第七篇 | 药品批发分销和代理

第 76 条

1. 在不妨碍第 6 条的情况下，成员国应采取一切适当措施确保只有依照欧盟委员会法律批准上市的药品才可以在其领土范围内进行分销。

2. 批发分销和储存的药品应是依据第 726/2004 号（EC）法规准予上市许可或者成员国主管部门依据本法规批准的药品。

3. 任何分销商（若并非上市许可持有人），从另一成员国进口药品，应将其打算进口的药品向上市许可持有人和成员国主管部门进行申报。若药品未获得依照第 726/2004 号（EC）法规授予的上市许可，则向主管部门提请的申报应遵守该成员国立法规定的附加程序，并向主管部门支付申报审核费用。

4. 若药品已获得依照第 726/2004 号（EC）法规授予的上市许可，则分销商应向上市许可持有人和欧洲药品管理局提交符合本条第 3 款规定的申报通知。并向欧洲药品管理局支付费用，用于审查欧盟立法以及上市许可中相关药品规定的遵守情况。

第 77 条

1. 成员国应采取一切适当措施，确保药品的分销批发活动拥有以批发商身份进行药品批发的许可权，并说明其经营场所位于其有效领土内。

2. 有权或有资质向公众供应药品的人员可根据国家法律从事药品批发业务，前提是拥有第 1 款规定的许可。

3. 药品生产许可的所有权中应包括分销许可。药品批发商从事批发活动的许可所有权不应豁免其拥有生产许可的义务，并且即使生产或进口业务是次要的，也应遵守在这方面规定的条款。

4. 成员国应将本条第 1 款提及的相关许可信息输入第 111 条第（6）款提及的欧盟数据库。应欧盟委员会或任何成员国的要求，任一成员国应提供所有根据本条第 1 款授予的有关个别许可的适当信息。

5. 对授予许可从事医药批发的人员及其经营场所进行的检查，应根据在其领土内授予经营许可的成员国的责任予以实施。

6. 如果不再满足许可条件，授予第 1 款提及许可的成员国应暂停或撤销该许可。成员国应立即通知其他成员国和欧盟委员会。

7. 如果某成员国认为，依照第 1 款的条款，持有其他成员国授予许可的人员，不满足或不再满足许可条件时，应立即通知欧盟委员会和所涉其他成员国。后者应采取必要措施并将所做裁决及理由通知欧盟委员会和第一成员国。

第 78 条

成员国应确保检查分销许可申请程序的时间，应在有关成员国主管部门收到申请之日起的 90 日内。

如必要，主管部门可要求申请人提供有关许可的所有必要信息。当主管部门行使此权利时，在提供必要的附加数据前应暂停第 1 款规定的期限。

第 79 条

为了获得分销许可，申请者必须满足以下最低要求：

（a）必须有适当和完善的经营场所、设施和设备以确保药品的恰当保存和分销。

（b）必须有符合有关成员国立法规定条件的工作人员，尤其是指定为负责人的合规人员。

（c）必须依照第 80 条的条款履行他们应尽的义务。

第 80 条

分销许可持有人必须满足下列最低要求：

（a）其必须使负责检查的人员可随时巡查第 79 条第（a）款提及的经营场所、设施和设备。

（b）其所供应的药品只可从拥有分销许可的人员，或依据第 77

条第（3）款免于此分销许可的人员处获得。

（c）其只能向拥有分销许可的人员，或有关成员国中有权或有资质向公众提供药品的人员供应药品。

（d）其必须依照第 54 条第 a 款（2）项关于授权法案的规定，检查外包装上的安全特征，验证收到的药品不是伪劣产品；其必须制定应急预案确保主管部门责令的市场召回，或与相关药品生产商或上市许可持有人的合作执行可有效实施。

（e）其必须以购货／销售凭证的形式或在计算机上或以任何其他形式，保留药品接收、派送或代理的任何交易记录，至少包括下列信息：

● 日期
● 药品名称
● 接收、供应或代理的数量
● 酌情提供供应商或收货人的名称和地址
● 药品批号（至少适用于具有第 54 条第（o）款所述之安全特征的产品）

（f）其必须保存本条（e）款提及的记录，供主管部门检查，为期 5 年。

（g）其必须遵守第 84 条规定的药品良好分销规范的原则和准则。

（h）其必须维护与其活动有关的责任、程序和风险管理措施的质量体系。

（i）若其确定或怀疑所接收或供应给他们的药品为伪劣药品，则其必须立即通知主管部门，并适当通知上市许可持有人。

对于（b）点，若药品是从另一批发商处获得，则批发分销许可持有人必须通过供应批发商确认其遵守良好分销规范的原则和指导方针。包括确认供应批发分销商是否持有批发分销许可。

若药品是从生产商或进口商处获得，则批发分销许可持有人必须确认生产商或进口商持有生产许可。

通过代理得到的药品，批发分销许可持有人必须确认有关代理人符合本指令规定的要求。

第81条

当药品被供应给药剂师以及有权或有资质向公众供应药品的人员时，成员国不应强令由另一成员国授予许可的分销许可持有人承担任何义务——尤其是公共服务义务，并且应与其自身批准的从事相同活动的人员同等对待。

药品上市许可持有人和将所述药品实际投放在成员国市场上的分销商，应在其职责范围内，确保向药店和有权提供药品的人员适当、持续地供应药品，以满足成员国患者的需要。

此外，本条内容应根据保护公共卫生的目的进行调整，与之目标相符合，并符合相关条约规定，尤其是类似商品自由流通与竞争之类的条约规定。

第 82 条

将药品供应给有关成员国有权或有资质向公众提供药品的人员时，批发商必须随附一份文件明确以下信息：

● 日期
● 药品名称和剂型
● 供应量
● 供应商和发货人名称及地址
● 至少注明拥有第 54 条（o）点提及的安全性能的药品之批号。

成员国应采取一切适当措施，确保有权或有资质向公众供应药品的人员可提供信息使药品销售渠道追踪成为可能。

第 83 条

本条款不应妨碍成员国制定更严格的要求规制下列药品的批发销售：

● 辖地内之麻醉或精神类药品
● 血液制品
● 免疫制剂
● 放射性药物

第 84 条

委员会应公布良好分销规范的准则。为此，其应向欧盟理事会第 75/320/EEC27 号决议建立之医药委员会和人用药品委员会进行咨询。

第 85 条

本条适用于顺势疗法药品。

第 85a 条

如向第三国批发销售药品，则第 76 条及第 80 条第 1 款（c）点不适用。此外，第 80 条第 1 款（b）和（ca）点不适用于直接从第三国接收而非进口药品的情况。然而此时，批发分销之药品应确保仅从依照有关第三国的适用法律和行政规定授权或有资质供给药品的人员处获得。当批发分销商向第三国人员供给药品时，其应确保药品仅供应给有权或有资质接收批发分销之药品的人员，或依照有关第三国的适用法律和行政规定供应给公众。第 82 条的规定应适用于将药品供应给第三国中被批准或有资质向公众供应药品的人员。

第 85b 条

1. 药品代理商应确保其代理的药品具有根据第 726/2004 号（EC）法规或成员国主管部门依据此指令授予的上市许可。

药品代理商应具有欧盟的永久地址和详细联系方式，以确保主管部门可对其活动进行准确的鉴别、定位、通讯和监督。

对于药品代理来说，第 80 条（d）到（i）点规定的要求，可根据实际情况做适当变更。

2. 只有在成员国主管部门注册了第 1 款提及的永久地址，方可进行药品代理。申请注册的人员应至少提交申请人名字、公司名称和永久地址，其应将任何变更通知主管部门，并不应有不必要之延误。

2013 年 1 月 2 日之前开始从事药品代理活动的药品代理商，应在 2013 年 3 月 2 日之前向主管部门注册。

主管部门应在可供公开访问的注册登记簿上，输入第 1 款提及的
信息。

3. 第 84 条提及的准则应包括具体代理条款。

4. 本条不得影响第 111 条的规定。第 111 条提及的检查应依照药
品代理注册之成员国的责任进行实施。

如果药品代理商未遵守本条规定，主管部门可决定将其从第 2 款
提及的注册登记簿上移除，并通知本人。

第 7A 篇 远程销售

第 85C 条

1. 在不违背国家法律的情况下，禁止以信息社会服务之手段远程
出售处方药，成员国应确保通过信息社会之服务手段远程出售给
公众的药品符合欧洲议会第 98/34 号 (EC) 指令的规定，以及欧盟理
事会于 1998 年 6 月 22 日在技术标准及相关规制方面对信息服务条
款制定的程序，并符合以下列条件为前提的信息社会服务规则：

（a）被授权或有资质向公众远程出售药品的自然人或法人应符合
设立该自然人或法人的成员国之国家法律。

（b）（a）点提及的自然人或法人应至少将下列信息告知设立该自
然人或法人的成员国：

（i）姓名或公司名称以及药品供给之活动场所的永久地址。

（ii）以信息服务的方式向公众远程出售药品的起始日期。

（iii）用于此目的的网站网址，以及识别此网站的所有相关必要信息。

（iv）依照第六篇的规定，以信息服务的手段远程出售给公众的药品之分类（若适用）。

适当时，上述信息应定期更新。

（c）依照第 6 条第（1）款，药品应符合目的成员国之国家立法。

（d）在不影响欧洲议会 2000/31 号 (EC) 指令规定的信息要求，以及欧盟理事会于 2000 年 6 月 8 日关于欧盟市场上信息社会服务之特定法律方面的规定，特别是电子商务相关规定（电子商务指令）的情况下，药品供应网站应至少包括。

（i）主管部门或（b）点规定的信息上报之主管部门的详细联系方式；

（ii）设立成员国相关规定之第 4 款提及的网站链接。

（iii）远程售药网站的每一页均应显著标明第 3 款提及的统一标识，并且标识中应包括第 4 款（c）点提及的人员列表之链接。

2. 出于保护公共卫生的正当理由，成员国可对其领土内通过信息社会服务手段进行的远程药品零售供应实施附加条款。

3. 应建立全欧盟通识的统一标识，以使可远程销售药品的成员国身份得以确立。该标识应根据第 1 款（d）点的规定在远程售药网站上显著标示。

为协调统一标识之功能，欧盟委员会应采取下列执行行为：

（a）验证统一标识真实性之技术、电子和加密要求。

（b）统一标识的设计。

考虑到技术和科学的进步，必要时应修订这些执行行为。应依照第 121 条第（2）款提及的程序应用这些执行行为。

4. 每一成员国应建立一个至少提供下列信息的网站：

（a）适用于以信息社会服务手段远程出售药品的国家立法信息，包括不同成员国之间药品分类及其供给条件之差异的信息。

（b）统一标识之宗旨的信息。

（c）第 1 款提及的以信息社会服务手段远程售药的人员列表及其网址。

（d）以信息社会服务手段非法向公众供应药品的相关风险之背景信息。

此网站应包括第 5 款提及的网站链接。

5. 欧洲药品管理局应建立一个网站，提供第 4 款（b）点和（d）点提及的信息，以及欧盟立法适用于伪劣药品和第 4 款提及的成员国网站超链接的信息。欧洲药品管理局的网站应明确说明成员国网站应包含在有关成员国内被授权或有资质以信息社会服务手段远程向公众提供药品的人员之信息。

6. 在不影响第 2000/31 号 (EC) 指令和本篇规定的情况下，成员国应采取必要措施确保除第 1 款提及的以信息社会服务手段远程向公众销售药品的人员之外的其他人员在其领土内的经营活动受到有效、适度和劝诫性的处罚。

第 85d 条

在不影响成员国权限的情况下，欧盟委员会应与欧洲药品管理局和成员国当局合作实施或促进旨在说明伪劣药品对公众危害的信息运动。这些运动应提高消费者对于以信息社会服务手段非法远程提供药品的风险意识，增强其对于统一标识的功能、成员国网站和欧洲药品管理局网站的认识。

第八篇 | **药品广告**

第 86 条

1. 本章主旨之"药品广告"应包括任何形式的上门广告信息、游说活动或旨在提高开药、促进药品供应、销售或消费的各种诱导因素，尤其包括：

● 面向公众的药品广告

● 面向有资格开药或提供处方之人员的药品广告

● 医药销售代表对有资格开药之人员的随访活动

● 免费供应样品

● 无论是以金钱抑或实物的形式，但凡通过礼品、提供或承诺任何好处或奖金，诱导开药或供应药品的条款（当其内在价值很小时除外）。

●对有资格开药或供应药品之人员所参加的推介会进行的赞助。

●对有资格开药或供应药品之人员参加的科学大会进行赞助，特别是为其支付相关差旅费用。

2. 下列条款不包括在本篇规定之内：

●第五篇规定的标签和附带包装说明书。

●非促销性质的或需要回答特定药品具体问题的附带材料。

●真实的、资讯性的公告和相关参考材料，例如：包装变更、一般药物预防措施之不良反应警告、交易目录和价格表等（只要不包括产品说明）。

●不涉及药品参考资料的有关人类健康或疾病的信息（即便是间接的）。

第 87 条

1. 成员国应禁止未依照欧洲共同体法律授予上市许可的药品之任何广告宣传。

2. 药品的任一广告宣传均必须符合产品特性概要所列的详细事项。

3. 药品广告：

●应以客观、不夸大药品特性的表述，鼓励药品之合理使用，

●不得引起误导。

第 88 条

1. 成员国应禁止对公众进行下列药品的广告宣传：

（a）第六章规定的处方药。

（b）国际公约（如联合国 1961 年和 1971 年公约）定义的精神或麻醉类药品。

2. 由于其成分及用途，无需执业医生出于诊断、开处方或监测治疗之目的干预使用的药品（若必要，在药剂师的指导下使用）可向公众进行广告宣传。

3. 成员国应有权禁止在其领土内向大众广告宣传可报销费用的药品。

4. 第 1 款所指的禁令不适用于由成员国主管部门批准，由行业执行的疫苗接种活动。

5. 第 1 款提及的禁令之适用应不影响第 89/552 号 (EEC) 指令第 14 条的规定。

6. 成员国应禁止行业出于促销目的向公众直接分销药品。

第八 A 篇　信息与广告

第 88a 条

2004/726 号 (EC) 指令生效 3 年之内，欧盟委员会应与患者和消费者组织、医生和药剂师组织，成员国以及其他利益相关方磋商，向欧洲议会和欧盟理事会提交相关信息条款及其对患者风险收益的应用现状报告（尤其是网络提交）。

根据上述数据的分析，欧盟委员会应提出制定信息战略的建议，以确保药品及其他治疗手段之信息的优质、客观、可靠和非促销性，并解决信息来源的责任问题（若适用）。

第 89 条

1. 在不影响第 88 条的情况下，所有面向公众的药品广告应：

（a）若信息明显为广告并且产品明确被确定为药品，则应以此种方式予以规定。

（b）至少应包括下列信息：

● 药品名称，以及如果药品仅包含一种活性物质时的通用名。

● 正确使用药品之必要信息。

● 明确清晰地提请仔细阅读说明书或外包装上的说明（可视情况而定）。

2. 尽管有第 1 款，成员国仍可规定面向公众的药品广告应仅包括药品名称，其国际非专有名称（若有的话），或其商标（若仅作提醒使用的话）。

第 90 条

面向公众的药品广告不应包括下列任何素材：

（a）给人留下没有必要进行医疗咨询或外科手术的印象，特别是通过邮件提供诊断或治疗建议。

（b）保证服用药物的效果，无伴随不良反应，或用药效果优于或等同于另一种治疗手段或药品。

（c）宣称通过服药可增强受试者的健康。

（d）宣称如果未服药，受试者的健康会受影响；本禁令不适用于第 88 条第（4）款提及的疫苗接种活动。

（e）宣称专用或主要用于儿童。

（f）宣称是科学家、卫生专业人员或尽管不是前述人员却因其知名度能够鼓励药品消费之人员的推荐。

（g）宣称药品是食品、化妆品或其他消费品。

（h）宣称药品是天然的，因此决定了其安全性或有效性。

（i）宣称对病历的描述或详细说明可能导致错误的自我诊断。

（j）以不当、危言耸听或误导性的词汇宣称康复索赔。

（k）以不当、危言耸听或误导性的词汇，对由疾病或受伤引起的人体变化以及药品对人体(或人体某部分)的作用进行的图像表征。

第91条

1. 面向有资格开处方或供给此类药品的人员的药品广告应包括：

● 与产品特性概要兼容的基本信息。
● 药品之供应分类。

成员国也可要求此类广告中包含各种产品宣传的销售价格或市场指导价以及社会保障机构的报销条件。

2. 尽管有第 1 款的规定，成员国可确定向有资格开处方或供给药品的人员进行的广告宣传应仅包括药品名称、药品国际非专有名称（如果有）或其商标（仅作为提醒时使用）。

第92条

1. 作为产品促销的一部分在有资格开处方或供应药品的人员中进行传播的与药品相关的任何文件，应至少包括第 91 条第（1）款所列的详细事项，并应说明其起草或最新修订的日期。

2. 第 1 款提及的文件中包含的所有信息应精确、最新、可核查并充分完整，以使收件人可对有关药品的治疗价值形成自己的看法。

3. 从医学期刊或其他科学作品中引用的引文、表格和其他说明性事项，被用在第 1 款提及的文件中时，应忠实地再现原文并指出准确来源。

第 93 条

1. 雇佣医药销售代表的公司应给予他们充分的培训，使其拥有足够的科学知识，能够为其所推广的药品提供准确和尽可能完整的信息。

2. 每次随访时，医药销售代表应给予或让被随访者可获得其推广的每种药品的特性概要，如果成员国法律允许，附带价格详情和第 91 条第（1）款提及的报销条件。

3. 医药销售代表应将其所宣传之药品的全部使用信息以及其随访之人汇报的任何不良反应的特定参考信息反馈给第 98 条第（1）款提及的科学服务。

第 94 条

1. 当把药品推广给有资质开处方或供给药品的人员时，不应给该人员提供或承诺礼品、金钱报酬或实物福利，除非这些礼品本身价值不高且关涉医学或药学实践。

2. 销售促销活动中的赞助应始终严格限制在其主要活动目的的范围之内，并且不得扩展至非医疗保健专业人员。

3. 有资格开处方或供应药品的人员不应索取或接受第 1 款禁止的或与第 2 款相反的任何好处。

4. 成员国有关价格、利润和折扣的现有措施或贸易惯例不受第 1、2、3 款的影响。

第 95 条

第 94 条第（1）款的规定不应直接或间接地妨碍为单纯出于专业和科学目的的活动提供的友好赞助，此种友好赞助应始终严格限制为活动的主要科学目的服务，不得扩展至非医疗保健专业人员。

第 96 条

1. 免费样品应仅在特殊情况下提供给有资格开处方的人员并需满足下列条件：

（a）处方上每种药品每年的样品数量应被限制。

（b）任何样品供给均需有处方代理人签名并注明日期的书面请求。

（c）这些送样应维持在完备的控制和责任系统之内。

（d）每个样品均应不大于市场上的最小展品。

（e）每个样品应标记"免费医学样品 – 非卖品"字样或标示相同含义的其他字样。

（f）每个样品应附带一份产品特性概要副本。

（g）不可供应国际公约（如联合国 1961 年和 1971 年公约）指明的含有精神或麻醉类物质的药品样品。

2. 成员国也可以进一步对某些特定药品样品的分配设置限制。

第97条

1. 成员国应确保有充分并有效的方法监测药品的广告宣传。这些基于事先审查制度的方法在任何情况下均应包括下列法律条款：在该条款之下，依据国家法律被视为与禁止不符合本篇规定的广告有合法权益的人员或组织，可采取法律行动反对此类广告，或将此类广告提请到行政主管部门进行投诉或启动相应法律诉讼。

2. 根据第1款的法律规定，成员国应赋予法院或行政机关权力，在其认为有必要采取上述措施时，能够考虑各方利益，尤其是公共利益：

●责令禁止误导性广告或对误导性广告之责令禁止提起适当的法律诉讼。

●如果误导性广告尚未发布，但发布在即，则即使没有造成实际损失或损害，或不存在广告商方面主观故意或客观疏忽的证据，也应责令禁止此广告发布或对责令禁止提起适当的法律诉讼。

3. 无论是为取得临时效果还是为取得最终效果，各成员国均应对第二小项提及的加速程序下所采取的措施做出规定。每一成员国可在第1小项规定的两个选项中自行决定其选择。

4. 各成员国应赋予法院或行政机关权力，使其能够消除经最终裁决责令禁止的误导性广告之持续影响：

●需要以其认为适当的形式，全部或部分地对此裁决进行公告。

●需要另外发布一个纠正性声明。

5. 第 1 款到第 4 款不应排除自律机构对药品广告的自愿规制，也不应排除向类似机构进行的求助，若除第 1 款提及的司法或行政程序之外，自律机构还有可能进行诉讼的话。

第 98 条

1. 上市许可持有人应在其企业内部建立科学服务项目，管理其投放在市场上的药品信息。

2. 上市许可持有人应：

●与负责监测药品广告的主管部门或机构就其企业的全部广告样本，附带标示广告对象的声明、传播途径和首发日期等事项保持沟通或使主管部门或机构可获得上述信息。

●确保其企业的药品广告符合本篇之要求。

●证明其企业雇佣的药品销售代表经过了充分培训并履行了第 93 条第（2）和第（3）款赋予他们的义务。

●给负责监测药品广告的机关或机构提供其履行职责时所需的信息和帮助。

●确保及时全面遵守药品广告监测机关或机构做出的裁决。

3. 成员国不应禁止上市许可持有人与由其提名的一个或多个公司对药品进行的联合促销。

第 99 条

各成员国应采取适当措施确保本篇条款的应用，并应特别决定本篇规定在执行中受到侵害时应实施何种处罚。

第 100 条

第 14 条第（1）款提及的顺势疗法药品的广告宣传应遵守本篇之规定，其中，第 87 条第（1）款排除适用。

然而，只有第 69 条第（1）款指定的信息可用于此类药品的广告宣传。

第九篇 ｜ 药物警戒

第一章　总则

第 101 条

1. 为了完成药物警戒任务并参与欧盟的药物警戒活动，各成员国应建立药物警戒系统。

该药物警戒系统应用于收集有关患者或公众健康的药品风险信息。该信息特别指由于使用上市许可条款内或上市许可条款外的药品引起的人体不良反应，以及职业性接触所引起的不良反应。

2. 各成员国应通过第 1 款中所述的药品警戒体系对所有信息进行科学评估，权衡风险最小化和预防风险的选择，并在必要的情况下对上市许可实施管制。各成员国应定期对其药物警戒系统进行审计，并最晚于 2013 年 9 月 21 日将结果上报给欧盟委员会，之后每两年上报一次。

3. 每个成员国都应指定一个主管部门执行药物警戒任务。

4.欧盟委员会可以在欧洲药品管理局的协调下，要求各成员国参与药物警戒技术措施的国际协调和标准化工作。

第 102 条

各成员国应：

（a）采取一切适当措施鼓励患者、医生、药剂师和其他医疗保健专业人士向国家主管部门汇报疑似不良反应；对于此类任务，代表消费者、患者和医疗保健专业人员的组织可以酌情参与。

（b）除网络形式外，还应提供可供患者选择的其他报告形式。

（c）采取一切适当措施获取准确且可验证的数据，对疑似不良反应报告进行科学评估。

（d）通过门户网站或其他信息公开途径（必要时），确保及时向大众提供药品使用之药物警戒问题的重要信息。

（e）根据第 1 条第 (20) 款，通过收集信息和跟踪疑似不良反应报告的方式（必要时），确保采取一切恰当措施明确识别在其领土内开立、配制或出售的发生疑似不良反应的生物制品及其名称和批号。

（f）采取必要措施确保未豁免本篇规定责任的上市许可持有人受到有效、适度的劝诫性处罚。

对于第 1 款中（a）点和（e）点的要求，各成员国可以要求医生、药剂师和其他医疗专业保健人员承担具体责任。

第 103 条

成员国可以将本篇中委托给该国的任何任务授权给另一成员国，但要经后者的书面同意。每个成员国仅可代表一个其他成员国。

授权成员国应就授权事宜书面通知欧盟委员会、欧洲药品管理局和所有其他成员国。授权成员国和欧洲药品管理局应将该信息向公众公布。

第 104 条

1. 为了完成与第 101 条第（1）款中规定的各成员国药物警戒系统相同的药物警戒任务，上市许可持有人应建立药物警戒系统。

2. 上市许可持有人应参考第 1 款所述之药物警戒系统科学评估的所有信息，权衡风险最小化和预防风险的选择，并在必要时采取恰当措施。

上市许可持有人应定期对其药物警戒系统进行审计，将药物警戒系统审计的主要调查结果作为注释附加在主文件上，并依据审计结果确保恰当的纠正计划得到妥善准备并实施。一旦纠正计划完全实施，则可以删除该注释。

3. 作为药物警戒系统的一部分，上市许可持有人应：

（a）具有一位可供其自由调遣并长期、不间断地负责药物警戒任务的合规人员。

（b）维护药物警戒系统主文件，并根据要求保证主文件可用。

（c）为每种药品建立一个风险管理系统。

（d）监控风险最小化措施的实施成果（该措施被包含在风险管理计划中，或者被列入第 21a、22、22a 条规定的上市许可条件）。

（e）更新风险管理体系并监控药物警戒数据，从而确定是否存在新的风险、风险是否已发生变化或药品风险收益平衡是否改变。

第 1 小项（a）点所述的合规人员应在欧盟内居住和执行任务，并负责建立、维护药物警戒系统。上市许可持有人应向主管部门和欧洲药品管理局提交该合规人员的姓名和具体联系方式。

4. 尽管有第 3 款的规定，国家主管部门仍可以要求任命一位联系人，向负责药物警戒活动的合规人员报告国家级的药物警戒问题。

第 104a 条

1. 在不影响本条第 2、3、4 款的情况下，作为对第 104 条第 3 款 (c) 项的豁免，2012 年 7 月 21 日前授予许可的上市许可持有人可不对每种药品建立风险管理体系。

2. 参照第 104 条第 3 款 (c) 项，如果存在影响上市药品风险 – 收益平衡的担忧，国家主管部门可以要求上市许可持有人建立风险管理体系。在此情况下，国家主管部门应要求上市许可持有人对其意欲引进的相关药品风险管理体系提交一份详细说明。

上述职责应采用书面形式正式确认和通知，并包含提交风险管理体系详细说明的时间表。

3. 如果上市许可持有人在接到述职书面通知的 30 天内提出请求，则国家主管部门应为上市许可持有人提供上交书面观察材料的机会，使其可对自身在指定时限内的履职情况做出回应。

4. 基于上市许可持有人上交的书面观察材料，国家主管部门应撤销或确认其责任。若国家主管部门确认其责任，则上市许可应做出相应变更——将所采取的措施作为风险管理体系的一部分纳入第 21a 条 (a) 点所述的上市许可条件。

第 105 条

药物警戒相关活动专款的管理、通讯网络的运营和市场监管应在国家主管部门的控制下不间断地进行，以确保实施药物警戒活动的独立性。

第 1 款不应影响国家主管部门向上市许可持有人收取其实施这些活动所产生的费用，前提条件是严格确保该机构独立进行药物警戒活动。

第二章　透明度和沟通

第 106 条

各成员国应建立并维护一个国家药品门户网站，该网站应被链接到依照第 726/2004 号（EC）法规第 26 条建立的欧洲药品门户网站上。通过国家药品门户网站，各成员国应至少公开如下事宜：

（a）公开评估报告及其摘要。

（b）产品特性和包装说明书摘要。

（c）依照本指令许可的药品风险管理计划摘要。

（d）第 726/2004 号（EC）法规第 23 条涉及的药品清单。

（e）医疗保健专业人员和患者向国家主管部门汇报药品疑似不良反应的不同方式，包括第 726/2004 号（EC）法规第 25 条涉及的网络化结构形式。

第 106a 条

1. 一旦上市许可持有人打算就涉及药品使用的药物警戒问题之信息发布公告，则在任何情况下（公告发布之前或公告发布之时），上市许可持有人均必须通知国家主管部门、欧洲药品管理局和欧盟委员会。

上市许可持有人应确保公开信息的客观性，并且不会产生误导。

2. 除非紧急公告是为了保护公众健康，否则各成员国、欧洲药品管理局和欧盟委员会应在药物警戒相关信息的公告之前 24 小时内互相通知。

3. 对于已在多个成员国上市的药品中所包含的活性物质，欧洲药品管理局应负责就各国家主管部门的安全公告进行协调，并为信息的公布提供时间表。

在欧洲药品管理局的协调下，各成员国应做出一切合理努力，就有关药品安全公告及药品分发的时间表达成一致意见。药物警戒风险评估委员会应根据欧洲药品管理局要求，为这些安全公告提供建议。

4. 当欧洲药品管理局或国家主管部门公布第 2、3 款所述的信息时，应删除任何个人或商业机密性质的信息，除非为保护公众健康有必要公开披露此信息。

第三章 药物警戒数据的记录、报告和评估

第一节 记录和报告疑似不良反应

第 107 条

1. 上市许可持有人应记录引发关注的、所有在欧盟或第三国发生的疑似不良反应，无论是由患者或医疗保健专业人员自发报告的不良反应，还是在进行上市后安全性研究的背景下发生的不良反应。

上市许可持有人应确保在欧盟内的任一地点都可以获取这些报告。

作为对第 1 小项的豁免，在临床实验条件下发生的疑似不良反应应依照第 2001/20 号（EC）指令进行记录和报告。

2. 上市许可持有人不应拒绝考虑患者和医疗保健专业人士以电子版形式或其他任意恰当方式报告的疑似不良反应。

3. 上市许可持有人应向第 726/2004 号（EC）法规所述的数据库和数据处理网络（以下简称为"药物警戒系统数据库"）提交发生在欧盟或第三国的所有重度疑似不良反应的电子版信息，该信息需在相关上市许可持有人获悉此类事件发生后的 15 天内提交。上市许可持有人应向药物警戒系统数据库提交发生在欧盟的所有非重度疑似不良反应的电子版信息，该信息需在相关上市许可持有人获悉此类事件发生后的 90 天内提交。

对于包含欧洲药品管理局依据第 726/2004 号（EC）法规第 27 条监控的发行榜单中所列的活性物质的药品，就已列出的药物文献中记录的疑似不良反应，上市许可持有人无需向药物警戒系统数据库报告，但其应监控此外的所有其他药物文献并报告任何疑似不良反应。

4. 上市许可持有人应建立程序，为科学评估疑似不良反应报告获取真实准确的数据。上市许可持有人也应对这些报告收集跟踪信息，并将更新提交给药物警戒系统数据库。

5. 上市许可持有人应和欧洲药品管理局以及各成员国合作，检测疑似不良反应报告的副本。

第 107a 条

1. 各成员国应记录发生在其领土内的、引发医疗保健专业人士和患者注意的所有疑似不良反应。为遵守第 102 条 (c)、(e) 款，各成员国应让患者和医疗保健专业人士恰当地跟进其接收的任何报告。

各成员国应确保类似疑似不良反应可通过国家药物门户网站或其他方式得到提交。

2. 对于提交报告的上市许可持有人，在其领土内发生疑似不良反应的成员国可让该上市许可持有人参与报告的后续行动。

3. 各成员国应与欧洲药品管理局和上市许可持有人合作，对疑似不良反应报告进行重复检测。

4. 各成员国应在接到第 1 款所述的重度疑似不良反应报告后 15

天内，将报告的电子版提交给药物警戒系统数据库。

各成员国应在接到第 1 款所述的报告后 90 天内，将非重度疑似不良反应报告的电子版提交给药物警戒系统数据库。

上市许可持有人可通过药物警戒系统数据库访问这些报告。

5. 各成员国应确保将引起其注意的，因错误用药产生的疑似不良反应报告提供给药物警戒系统数据库和在该成员国内负责患者安全的管理机构、团体、组织或机构。他们也应确保在该成员国内引起任何其他管理机构注意的疑似不良反应通知到药品管理机构。这些报告应以第 726/2004 号（EC）法规第 25 条所述的形式得到合理确认。

6. 除非有缘自药物警戒活动的正当理由，否则单个成员国不应就报告疑似不良反应给上市许可持有人强加任何额外的责任。

第二节 定期安全更新报告

第 107b 条

1. 上市许可持有人应向欧洲药品管理局提交定期安全更新报告，包含：

（a）关于药品有效性与药品风险的数据总结，包括对上市许可产生潜在影响的所有研究结果。

（b）药品风险 – 收益平衡的科学评估。

（c）关涉药品销量的所有数据以及上市许可持有人拥有的、与处方数量相关的任何数据，包括对接触到该药品的人群之安全性的预估。

（b）点中所述的评估应基于所有可获取的数据，包括对未经许可的适应证和群体进行临床试验的数据。

定期安全更新报告应以电子形式提交。

2. 欧洲药品管理局应通过第 726/2004 号（EC）法规第 25a 条中所述的存储库使第 1 款提及的报告可供国家主管部门、药物警戒风险评估委员会、人用药品委员会和协调小组的成员使用。

3. 作为对本条第 1 款的豁免，第 10 条第 (1) 款或第 10a 条所述的药品上市许可持有人以及第 14 条或第 16a 条所述的药品注册持有人应在下列情况下提交药品定期安全更新报告：

（a）按照第 21a 条或第 22 条，将上述责任设为上市许可条件。

（b）如果主管部门基于对药物警戒数据的担忧或因为缺乏已上市药品活性物质的定期安全更新报告而提出要求，则主管部门应就其对所要求的定期安全更新报告的评估与药物警戒风险评估委员会沟通。该委员会应考虑是否有必要为包含同样活性物质的所有药品上市许可提供一份评估报告，并依照第 107c 条第（4）款和第 107e 条的程序相应地通知协调小组或人用药品委员会。

第 107c 条

1.应在上市许可中指明定期安全更新报告的提交频率。

根据指定频率进行报告提交的日期应从许可日期起计算。

2.2012 年 7 月 21 日前获批且定期安全更新报告的提交频率和日期不作为上市许可条件的上市许可持有人，应依照本款第 2 项所述提交定期安全更新报告，直到上市许可中规定或依照第 4、5、6 款确定其他提交频率和上交报告日期为止。

根据要求或依照下列情况，应立即向主管部门提交定期安全更新报告：

（a）药品尚未上市时，从许可后直到上市至少每 6 个月 1 次。

（b）药品已经上市时，在上市后最初 2 年至少每 6 个月 1 次，之后 2 年每年 1 次，其后每 3 年 1 次。

3.第 2 款也适用于只在一个成员国获批的药品，以及第 4 款不适用的药品。

4.如果药品的上市许可不同，但所包含的活性物质或活性物质组合相同，则可以申请对第 1 款和第 2 款要求之定期安全更新报告的提交频率和日期进行修改和调整，以便其可以在定期安全更新报告工作共享程序下进行单独评估，并设定计算提交日期的欧盟参考日期。

协调后的报告提交频率和欧盟参考日期可以在咨询药物警戒风险

评估委员会之后，由下列单位确定：

（a）人用药品委员——至少有一个包含相关活性物质的药品上市许可是依照第 726/2004 号（EC）法规第二篇第一章提出的集中审批程序授予的。

（b）协调小组——针对 (a) 点之外的其他情况。

依照第 1 项和第 2 项确定的、协调后的报告提交频率应由欧洲药品管理局向公众公布。上市许可持有人应对上市许可的变更提交相应申请。

5. 为了达成第 4 款所述目的，包含相同活性物质或活性物质组合的药品欧盟参考日期如下：

（a）包含该活性物质或该活性物质组合的药品在欧盟的初次上市许可日期。

（b）如果 (a) 点所述的日期无法确定，则为包含该活性物质或该活性物质组合的药品最早已知上市许可日期。

6. 应允许上市许可持有人向人用药品委员会或协调小组提交请求，酌情确定欧盟参考日期或依照以下理由更改上交定期安全更新报告的频率：

（a）出于公众健康的原因。

（b）避免重复评估。

（c）为取得国际一致。

此类请求应以书面形式提交并应证明其合理性。人用药品委员会或协调小组应在咨询药物警戒风险评估委员会后，批准或否决此类请求。任何有关定期安全更新报告提交时间和频率的变化应由欧洲药品管理局向公众公布。上市许可持有人应对上市许可的变更提交相应申请。

7.欧洲药品管理局应通过欧洲药品门户网站公布定期安全更新报告、欧盟参考日期以及提交频率清单。

根据第4、5、6款，在上市许可中指明的定期安全更新报告提交日期或频率的变化应在此公布后6个月内生效。

第 107d 条
国家主管部门应对定期安全更新报告进行评估，确定是否有新的风险、风险是否发生变化或药品的风险 – 收益平衡是否发生更改。

第 107e 条
1.在第 107c 条第 4、5、6 款中所涉及的情况下，对于已在多个成员国获得许可的药品、包含相同活性物质或相同活性物质组合的药品，以及已经建立定期安全更新报告欧盟参考日期和频率的药品，均应进行定期安全更新报告的独立评估。

独立评估应由下列国家或人员执行：

（a）协调小组任命的成员国——在该成员国内没有依照第 726/2004 号（EC）法规第二篇第一章提出的集中审批程序授予的

任何相关上市许可。

（b）药物警戒风险评估委员会任命的特派调查员——该特派调查员所在地至少有一个相关上市许可是依照第 726/2004 号（EC）法规第二篇第一章提出的集中审批程序授予的。

依照第 2 小项 (a) 点选择成员国时，协调小组应考虑是否该成员国正在担当第 28 条第 (1) 款所述的参照国。

2. 该成员国或特派调查员应视情况而定，在收到定期安全更新报告的 60 天内准备一份评估报告，并将其发送给欧洲药品管理局和相关成员国。随后，欧洲药品管理局应将该报告转发给上市许可持有人。

在接到评估报告的 30 天内，该成员国和上市许可持有人可以向欧洲药品管理局和特派调查员或委任成员国提交意见。

3. 接到第 2 款所述的意见后，特派调查员或委任成员国应在 15 日内根据提交意见更新评估报告，并转交至药物警戒风险评估委员会。药物警戒风险评估委员会应采纳评估报告，并在下次会议上做出变更或不变更的决定，同时签署建议。建议应涉及分歧的立场以及导致分歧的理由。欧洲药品管理局应将采用的评估报告和建议收录在依照第 726/2004 号（EC）法规第 25a 条建立的存储库中，并将报告和建议转交给上市许可持有人。

第 107f 条
在对定期安全更新报告进行评估之后，国家主管部门应考虑是否有必要针对相关药品的上市许可采取行动。

国家主管部门应酌情保持、变更、暂停或撤销上市许可。

第 107g 条

1. 如果定期安全更新报告独立评估建议对依照第 107e 条第 (1) 款授予的多个上市许可（不包括依照第 726/2004 号（EC）法规第二篇第一章提出的集中审批程序授予的任何上市许可）采取行动，则协调小组应在收到药物警戒风险评估委员会报告的 30 天内，考虑报告内容并对相关上市许可的保持、变更、暂停或撤销形成意见（包括实施商定意见的时间表）。

2. 如果在协调小组内各成员国代表对所采取的行动达成一致，则主席应将该一致意见记录在案并将其发送给上市许可持有人和各成员国。各成员国应依据协议中确定的实施时间表采取必要措施保持、变更、暂停或撤销相关上市许可。

若出现变更的情况，上市许可持有人应向国家主管部门提交一份变更申请，包括在确定的实施时间表内更新的产品特性概要和包装说明书。

如果经协商无法达成一致，应将协调小组内大多数成员国代表的立场转发给欧盟委员会，委员会将实施第 33、34 条规定的程序。如果协调小组内的成员国代表所达成的协议或大多数成员国的立场与药物警戒风险评估委员会的意见不同，则协调小组应在协议或多数人立场中附上有关分歧的科学依据并提出建议。

3. 如果定期安全更新报告独立评估建议对依照第 107e 条第 (1) 款授予的多个上市许可（至少包括一个依照第 726/2004 号（EC）法规第二篇第一章提出的集中审批程序授予的上市许可）采取行

动，则人用药品委员会应在收到药物警戒风险评估委员会报告的 30 日内，考虑报告内容并对相关上市许可的保持、变更、暂停或撤销给出意见（包括实施意见的时间表）。

当人用药品委员会的意见与药物警戒风险评估委员会的意见不同时，人用药品委员会应为其详细解释产生分歧的科学理由并提供意见。

4. 根据第 3 款所述的人用药品委员会意见，欧盟委员会应：

（a）按照本节规定的相关程序，通过各成员国关于对其授予的上市许可所采取措施的决议。

（b）若意见表明有必要对上市许可采取监管行动，则应对依照集中审批程序（依据第 726/2004 号（EC）法规）授予的上市许可进行变更、暂停或撤销（依据本节规定的程序）。

本款第 1 小项 (a) 点提及的各成员国的决议及其执行适用本指令第 33、34 条。

第 726/2004 号（EC）法规第 10 条应适用于本款第 1 小项 (b) 点所述的决议。若欧盟委员会采纳此决议，则其也可以采纳依照本指令第 127a 条向各成员国做出的决议。

第三节　风险信号识别

第 107h 条

1. 对于依照本指令授予的药品，国家主管部门与欧洲药品管理局应采取下列措施：

（a）对风险管理计划中所涵盖的风险最小化措施之实施成效以及第 21a、22、22a 条所述的条件进行监控。

（b）对风险管理系统的更新进行评估。

（c）对药物警戒系统数据库的数据进行监控，确定是否存在新的风险、风险是否已发生改变，以及该风险是否影响药品风险 – 收益平衡。

2. 药物警戒风险评估委员会应对新出现的风险、发生变化的风险或风险 – 收益平衡变化信号进行初始分析并确定优先权级。若该委员会认为有必要采取后续行动，则对这些信号的评估和对上市许可采取的任何后续行动方案应在与问题程度和严重性相称的时间范围内进行。

3. 如果出现新的风险、风险发生变化或风险 – 收益平衡发生改变，欧洲药品管理局和国家主管部门以及上市许可持有人应该互相通知。

各成员国应确保出现新的风险、风险发生变化或检测到风险 – 收益平衡改变时，上市许可持有人能够通知欧洲药品管理局和国家主管部门。

第四节　欧盟应急程序

第 107i 条

1. 基于药物警戒活动的数据评估，某成员国或欧盟委员会应通过通知其他成员国、欧洲药品管理局和欧盟委员会的方式酌情启动本节规定的程序，条件是：

（a）其考虑暂停或撤销上市许可。

（b）其考虑禁止供应某种药品。

（c）其考虑拒绝上市许可的续期。

（d）其收到上市许可持有人的通知：基于安全问题考虑，持有人中止了某药品的上市；或已采取行动撤销上市许可；意图采取此类行动；或未申请上市许可续期。

1.(a) 若某成员国或欧盟委员会认为新的禁忌证、减少推荐剂量或限制药品适应证是必要的，则其应基于药物警戒活动的数据评估，将此信息酌情通知其他成员国、欧洲药品管理局和欧盟委员会。所报告的信息中应列出所考虑采取的行动及其原因。

当认为有必要采取紧急行动时，任一成员国或欧盟委员会均可酌情在本款所述的任何情况下启动本节规定的程序。

对于依照第三篇第四章程序授予许可的药品，若未启动本节规定的程序，应提请协调小组注意该情况。

当涉及欧盟利益时，适用第 31 条。

1.(b) 若启动本节规定的程序，欧洲药品管理局应核实安全问题是否涉及所报告信息涵盖范围之外的其他药品，还是其属于同一范围或治疗类别的所有产品的共同问题。

若涉及的药品在多个成员国内授予许可，则欧洲药品管理局应及时将核实结果通知程序发起者，且第 107j、107k 条所列程序应适用。否则，安全问题应由相关成员国处理。欧洲药品管理局或成员国应酌情将启动程序的信息通知上市许可持有人。

2. 在不损害本条第 1 款和 1a 款以及第 107j、107k 条规定的情况下，当有必要采取紧急措施保护公共健康时，成员国可以在其领土内暂停上市许可并禁止相关药品的使用，直到做出最后决定。其应在下一工作日结束前将其采取行动的原因通知欧盟委员会、欧洲药品管理局和其他成员国。

3. 在第 107j 条至第 107k 条规定程序的任意阶段，欧盟委员会可以要求授予药品许可的成员国立即采取临时措施。

若依照第 1 款和第 1a 款确定的程序内容包括依照第 726/2004 号（EC）法规许可的药品，欧盟委员会可以立即在本节发起程序的任意阶段对这些上市许可采取临时措施。

4. 本条中所述的信息可能与个别药品、系列药品或某治疗类别相关。

如果欧洲药品管理局确定安全问题涉及的药品比所报告的信息中涵盖的药品多，或者该问题属于同一范围或治疗类别的所有药品所共有的，则其应相应扩大应急程序范围。

若依据本条启动的程序范围涉及一系列药品或治疗类别，则依照第 726/2004 号（EC）法规授予许可的、属于该范围或类别的药品应被包括在该程序中。

5. 在提供第 1 款和 1a 款所述的信息时，成员国应将其拥有的所有相关科学资料及其做出的任何有关评估提供给欧洲药品管理局。

第 107j 条

1. 在收到第 107i 条第 1 款和 1a 款所述的信息后，欧洲药品管理局应通过欧洲药品门户网站公布应急程序的启动。与此同时，各成员国可以在其各自的国家药物门户网站上公布该程序的启动。

该公告应指明依照第 107i 条提交给欧洲药品管理局的事项、药品和相关活性物质（如适用）。公告应包含如下权利信息并说明这些信息的提交方式：即上市许可持有人、医疗保健专业人士和公众有权向欧洲药品管理局提交有关欧盟应急程序的信息。

2. 药物警戒风险评估委员会应依照第 107i 条对提交给欧洲药品管理局的事项进行评估。特派调查员应与人用药品委员会和相关药品参照国任命的特派调查员密切合作。

为了进行评估，上市许可持有人可以书面形式提交意见。

如果事件的紧急性允许，药物警戒风险评估委员可以召开听证会——如果其认为基于正当理由，特别是与安全问题程度和严重性相关的理由召开听证会是合理的。听证会应按照欧洲药品管理局规定的方式举行，并应通过欧洲药品门户网站对外公布。公告应指明听证会的参与方式。

在听证会中，应对药品的疗效给予应有的重视。

在与各相关方协商后,欧洲药品管理局应依据第 726/2004 号（EC）法规第 78 条草拟组织与举行听证会的程序规则。

若某上市许可持有人或拟提交信息的其他人拥有与应急程序主题相关的机密数据，则其可以请求在非公开的听证会上向药物警戒风险评估委员会提交数据。

3. 在提交信息的 60 日之内,药物警戒风险评估委员会应提出建议,阐明其依据的理由，并对药品疗效给予充分重视。建议应提及各方的不同立场及其理由。在紧急情况下，基于委员会主席的建议，药物警戒风险评估委员会可以同意缩短上述期限。建议应包括下列任意结论或其组合：

（a）在欧盟层面无需进一步的评估或行动。

（b）上市许可持有人应进一步评估数据并对评估结果采取后续行动。

（c）上市许可许可人应资助上市后安全性研究，并对研究结果采取后续评估。

（d）成员国或上市许可持有人应实施风险最小化措施。

（e）上市许可应被暂停、撤销或不予续期。

（f）上市许可应做出变更。

出于第 1 小项（d）点之目的,建议应指明推荐的风险最小化措施，以及授予上市许可应遵守的条件和限制。

在第 1 小项（f）点所述的案例中，若建议在产品特性概要、标签或包装说明书中改变或添加信息，则该建议应指出此类改变或添加信息的措辞以及上述措辞在产品特性概要、标签或包装说明书中应被放置的位置。

第 107k 条

1. 若依照第 107i 条第（4）款确定的程序范围不包括依照第 726/2004 号（EC）法规第二篇第一章规定的集中审批程序授予的上市许可，则协调小组应在接到药物警戒风险评估委员会建议的 30 天内，考虑该建议并就相关上市许可的保持、变更、暂停、撤销或拒绝续期达成一致意见（包括实施一致意见的时间表）。若需要紧急通过协议，根据委员会主席的建议，协调小组可以同意缩短上述期限。

2. 如果协调小组内的成员国代表对所采取的行动达成一致，主席应记录该协议并将其发送给上市许可持有人和各成员国。成员国应依据协议中确定的实施时间表，采取必要措施保持、变更、暂停、撤销或拒绝相关上市许可的续期。

如果就变更达成一致，上市许可持有人应向国家主管部门提交适当的变更申请。申请中应包括在确定的实施时间表内更新的产品特性概要和包装说明书。

如果经协商无法达成一致，协调小组内大多数成员国代表的意见应转发给欧盟委员会，委员会应应用第 33、34 条制定的程序。但是，通过豁免第 34 条第（1）款，第 121 条第（2）款所述程序适用。若协调小组内成员国代表达成的协议或大多数成员国代表的立场与药物警戒风险评估委员会的意见不同，则协调小组应在协议或多数人立场中附上有关分歧的科学依据并提出建议。

3. 若依照第 107i 条第（4）款确定的程序范围至少包括一个依照第 726/2004 号（EC）法规第二篇第一章所述的集中审批程序授予的上市许可，则人用药品委员会应在接到药物警戒风险评估委员会建议的 30 日内，考虑建议内容并对相关上市许可的保持、变更、暂停或撤销形成意见。若需紧急达成意见，经委员会主席提议，人用药品委员会可以缩短上述期限。

若人用药品委员会的意见与药物警戒风险评估委员会的建议不同，人用药品委员会应为其详细解释产生分歧的科学理由并提出建议。

4. 基于第 3 款所述的人用药品委员会意见，欧盟委员会应：

（a）遵照本节规定的程序，通过成员国对其授予的上市许可所采取的变更措施的决议。

（b）遵照本节规定的程序，对依照第 726/2004 号（EC）法规授予的上市许可做出变更、暂停、撤销或拒绝续期的决定——前提是其认为有必要采取监管行动。

本款第 1 小项 (a) 点提及的各成员国的决议及其执行适用本指令第 33、34 条。然而，作为对本指令第 34 条第 1 款的豁免，可应用第 121 条第 2 款所述的程序。

第 726/2004 号（EC）法规第 10 条应适用于本款第 1 小项 (b) 点所述的决议。然而，作为对本法规第 10 条第 (2) 款的豁免，可应用第 87 条第 (2) 款中所述的程序。若欧盟委员会采纳 (a)、(b) 两点的决议，则其也可以采纳依照本指令第 127a 条向各成员国做出的决议。

第五节 评估的公布

第 107l 条

欧洲药品管理局应通过欧洲药品门户网站将第 107b–107k 条所述的最终评估结论、建议、观点和决定向公众公布。

第四章 上市后安全性研究的监管

第 107m 条

1. 本章适用于非介入性上市后安全性研究，该研究由上市许可持有人自愿发起、管理或资助，或者缘起于依照第 21a 或第 22a 条所赋予的义务。上市后安全性研究涉及从患者或医疗保健专业人士处进行的安全数据采集。

2. 本章不得损害各成员国和欧盟对于确保非介入性上市后安全性研究参与者的健康和权益的要求。

3. 研究行为不得推广药品的使用。

4. 向参与非介入性上市后安全性研究的医疗保健专业人士支付的付款只限于补偿其所花费的时间及费用。

5. 国家主管部门可以要求上市许可持有人向开展研究的成员国国家主管部门提交研究方案和进度报告。

6. 上市许可持有人应在数据采集结束的 12 个月内，向进行研究的成员国国家主管部门发送最终报告。

7. 研究进行期间，上市许可持有人应对生成的数据进行监控，并考虑其对相关药品风险 – 收益平衡的意义。

依照第 23 条，应就任何可能影响药品风险 – 收益平衡评估的新信息与授予药品许可的成员国国家主管部门进行沟通。

第 2 小项规定的义务不应影响研究结果信息。上市许可持有人应按照第 107b 条规定的定期安全更新报告提供该信息。

8. 第 107n 至第 107q 条应专门适用于第 1 款所述的研究，该研究依照第 21a 条或第 22a 条规定的职责进行。

第 107n 条

1. 在进行研究之前，上市许可持有人应将研究方案提交给药物警戒风险评估委员会，除非只有一个成员国根据第 22a 条要求进行研究。对于此类研究，上市许可持有人应将研究方案提交给进行研究的成员国国家主管部门。

2. 在提交研究方案的 60 天内，国家主管部门或药物警戒风险评估委员会应酌情签发：

（a）研究方案确认函。

（b）在下列任何情况下的反对函，详细列出反对理由：

ⅰ）其认为研究行为推广了药品的使用。

ⅱ）其认为研究设计没有实现研究目的。

（c）上市许可持有人通知函——告知研究是归属第 2001/20 号（EC）指令范围内的临床试验。

3. 只有在国家主管部门或药物警戒风险评估委员会（若适用）签发书面批准的情况下，研究才可以开始。

若签发了第 2 条（a）款所述的确认函，上市许可持有人应将研究方案转交给进行研究的成员国主管部门，之后按照已批准的方案开始研究。

第 107o 条

开始研究后，应将任何实质性的修改在实施前提交给国家主管部门或药物警戒风险评估委员会（若适用）。国家主管部门或药物警戒风险评估委员会应酌情对修改进行评估，并将其赞成或反对的修改意见通知上市许可持有人。适用情况下，上市许可持有人应通知进行研究的成员国。

第 107p 条

1. 研究结束后，除非国家主管部门或药物警戒风险评估委员会批准书面豁免，否则应在收集信息结束后的前 12 个月内向国家主管部门或药物警戒风险评估委员会提交一份最终研究报告。

2. 上市许可持有人应评估研究结果是否对上市许可产生了影响。在必要的情况下，其应向国家主管部门提交上市许可变更申请。

3. 上市许可持有人应以电子版的形式将最终研究报告以及研究结果摘要提交给国家主管部门或药物警戒风险评估委员会。

第 107q 条

1. 药物警戒风险评估委员会可以在咨询上市许可持有人后，以研究结果为基础对上市许可提出建议并阐明建议的原因。建议应说明分歧的立场及其依据的理由。

2. 在对各成员国依照本指令批准的药品之上市许可提出变更、暂停或撤销建议时，协调小组内的成员国代表应考虑第 1 款所述建议对这一事项达成一致意见，并提出实施商定意见的时间表。

如果在协调小组内，成员国代表就所采取的行动达成一致，主席应记录该协议并将其发送给上市许可持有人和各成员国。成员国应依照协议中确定的实施时间表，采取必要措施变更、暂停或撤销上市许可。

在对变更达成共识的情况下，上市许可持有人应在确定的实施时间表内向国家主管部门提交一份适当的变更申请，并提交更新后的产品特性概要和包装说明书。

协议应在依照第 726/2004 号（EC）法规第 26 条建立的欧洲药品门户网站上公布。

如果经协商无法达成协议，协调小组内大多数成员国代表的意见应根据第 33、34 条规定的程序被转交至欧盟委员会。

若协调小组内成员国代表达成的协议或大多数成员国的立场与药

物警戒风险评估委员会的建议不同，则协调小组应在协议或多数人立场中附上有关分歧的科学依据并提出建议。

第五章　实施、授权和指导

第 108 条

为了提高本指令所规定的药物警戒活动的绩效，欧盟委员会应在第 8 条第（3）款和第 101、104、104a、107、107a、107b、107h、107n、107p 条所规定的有关药物警戒活动的以下领域采取实施措施：

（a）由上市许可持有人保管的药物警戒系统主文件的内容及其维护。

（b）国家主管部门和上市许可持有人进行的药物警戒活动质量系统的最低要求。

（c）使用国际认可的药物警戒活动术语、格式和标准。

（d）监督药物警戒存储库数据的最低要求，以确定是否存在新的风险或风险是否已改变。

（e）成员国和上市许可持有人电子传输疑似不良反应的格式和内容。

（f）电子版定期安全更新报告和风险管理计划的格式和内容。

（g）上市后安全性研究的计划、摘要和最终研究报告的格式。

上述措施应将药物警戒领域的国际协调工作纳入考虑范围，并在必要时根据科学技术的进步进行修整。同时，对这些措施的应用应依照第 121 条第 2 款所述的监管程序进行。

第 108a 条

为了促进欧盟内药物警戒活动的执行，欧洲药品管理局应与主管部门和其他利益相关方合作起草：

（a）主管部门和上市许可持有人良好药物警戒规范的指导意见。

（b）上市后有效性研究的科学指导意见。

第 108b 条

欧盟委员会应最晚于 2015 年 7 月 21 日将成员国执行的药物警戒任务报告向公众公布，之后每 3 年公布 1 次。

第十篇 | 血液和血浆制品的分则

第 109 条

对于人源血液和血浆的收集与试验，2003 年 1 月 23 日欧洲议会和欧盟委员会颁布的第 2002/98 号 (EC) 指令应适用，该指令规定了收集、试验、处理、储存和分配人源血液及其成分的质量和安全标准，并对第 2001/83 号 (EC) 指令进行了修订。

第 110 条

各成员国应采取必要措施促进欧洲共同体在人源血液和血浆方面的自给自足。出于此目的，成员国应鼓励自愿无偿捐献血液和血浆，并应采取必要措施生产和使用自人源血液和血浆（自愿无偿捐献）提取的产品。成员国应将此类措施通知欧盟委员会。

第十一篇 | **监管和制裁**

第 111 条

1. 相关成员国的主管部门应与欧洲药品管理局合作,通过检查(必要时可以不通知)以及请官方药物控制实验室或指定实验室(如适用)对样品进行检验,确保与药品管理相关的法律要求得到遵守。合作应坚持与欧洲药品管理局就尚在计划中的检查以及已完成的检查共享信息。成员国和欧洲药品管理局应就在第三国内进行的检查之协调工作进行合作。此检查应包括但不限于第 1a 至 1f 款所述的检查。

a. 应对位于欧盟或第三国的药品生产商和批发分销商进行反复检查。

b. 相关成员国的主管部门应建立监管体系,基于风险对其领土内的活性物质生产商、进口商或分销商的生产经营场所进行适当频次的检查,并开展有效的后续行动。

若主管部门认为有理由怀疑上述主体未遵守本指令规定的法律要求,包括第 46 条(f)点和第 47 条所述的良好生产规范和分销规范的原则和方针，则其可以对以下场所进行检查：

位于第三国的活性物质分销商之生产经营场所；或辅料生产商或进口商的生产经营场所。

c. 应某成员国、欧盟委员会或欧洲药品管理局的要求，也可以在欧盟内或第三国进行第 1a 和 1b 款中所述的检查。

d. 同时，也可以对上市许可持有人或药品代理人的生产经营场所进行检查。

e. 为了验证为获取合格证所提交的数据是否符合《欧洲药典专论》的规定，当相关起始原料为《欧洲药典专论》所涵盖的主题时，与《欧洲药典》(欧洲药品和医疗卫生质量管理局) 的制定有关的、"公约"意义上的"物质名录和质量规范标准化"组织可以要求欧盟委员会或欧洲药品管理局进行此类检查。

f. 相关成员国的主管部门可以应生产商的具体请求，对起始原料生产商进行检查。

g. 检查应由代表主管部门的官员执行，官员有权：

●检查药品、活性物质或辅料生产商的生产或商业设施，以及生产许可持有人按照第 20 条的规定为执行检查所使用的实验室。

●取样，包括由官方药品控制实验室或成员国出于此目的指定的实验室进行的独立检验的取样。

●根据 1975 年 5 月 21 日生效的条款对与检查对象相关的文件进行审查，该条款对于生产方式的表述权限进行了限制。

●对上市许可持有人或其所雇佣的用于实施第九篇所述活动的公司之生产经营场所、记录、文件和药物警戒系统主文件进行检查。

h. 应依照第 111a 条中所述的指南进行检查。

2. 各成员国应采取一切适当措施确保免疫产品生产使用的生产工艺均通过适当验证，且各批次一致。

3. 第 1 款所述的各项检查完成后，主管部门应报告被检查单位是否遵守了第 47、84 条中所述的良好生产规范和良好分销规范的原则和指南（如适用），或者上市许可持有人是否遵守了第九篇所规定的要求。

执行检查的主管部门应就报告内容与被检查单位进行沟通。

在采纳报告之前，主管部门应给予被检查的相关单位提交意见的机会。

4. 在不影响欧盟和第三国之间已达成的安排部署的情况下，成员国、欧盟委员会或欧洲药品管理局可以要求设立在第三国的生产商根据本条规定提交检查。

5. 在第 1 款所述的检查 90 日内（如适用），如果检查结果表明被检查单位遵守了欧盟法规提出的良好生产规范和良好分销规范的原则和指南，则应向被检查单位签发良好生产规范或良好分销规范的证明。

如果所执行的检查属于《欧洲药典专论》认证程序的一部分，则应草拟一份证明。

6. 各成员国应代表欧盟将其签发的良好生产规范和良好分销规范证书输入到欧洲药品管理局管理的欧盟数据库中。各成员国也应依照第 52a 章第（7）款将活性物质进口商、生产商和分销商注册信息输入到该数据库中。该数据库应可以公开访问。

7. 如果第 1g 款（a）、（b）、（c）点所述的检查结果（或者药品、活性物质分销商以及辅料生产商的检查结果）是：被检查单位不符合法律要求和（或）未遵守欧盟法律规定的良好生产规范或良好分销规范的原则和指南，则该检查结果信息应按照第 6 款的规定输入欧盟数据库。

8. 如果第 1g 款（d）点提及的检查结果是上市许可持有人未遵守药物警戒系统主文件以及第九篇所述的药物警戒系统的相关规定，则相关成员国主管部门应将此缺陷提请上市许可持有人注意，并给予其表达意见的机会。

在上述情况中，相关成员国应通知其他成员国、欧洲药品管理局和欧盟委员会。

如适用，相关成员国应采取必要措施确保上市许可持有人受到有效、适当和劝诫性处罚。

第 111a 条

欧盟委员会应采纳适用于第 111 条所述检查原则的详细指导方针。各成员国应与欧洲药品管理委会员进行合作，确立第 40 条第（1）款和第 77 条第（1）款所述的许可、第 111 条第（3）款所述的报告、第 111 条第（5）款所述的良好生产规范和良好分销规范证书的形式和内容。

第 111b 条

1. 应第三国请求，欧盟委员会应就"一国适用于出口到欧盟的活性物质的监管框架及其相应的控制和执行活动是否可以确保与欧盟的公共卫生保护水平相当"开展评估。如果评估确认水平相当，欧盟委员会应采纳将该第三国包括在清单中的决定。评估应采取"文件审查"的形式，并且除非本指令第 51 条第 2 款所述的安排部署适用于这一活动领域，否则评估应包括对第三国监管系统进行的现场审查。并且，如必要，还应包括对一个或多个第三国活性物质生产经营场所进行的蹲点观察。在评估中应特别考虑：

（a）该国良好生产规范的规则。

（b）实施检查的周期，以验证是否遵守良好生产规范。

（c）实施良好生产规范的有效性。

（d）第三国提供违规活性物质生产商信息的周期及速度。

2. 欧盟委员会应采取必要行动实施本条第 1 款（a）至（d）点所述的要求。这些实施行动应按照第 121 条第（2）款所述的程序进行。

3. 欧盟委员会应定期核查第 1 款规定的条件是否得到满足。初次核查应不晚于该国被列入第 1 款所述清单后的 3 年内进行。

4. 欧盟委员会应与欧洲药品管理局以及各成员国主管部门共同开展第 1 款和第 3 款所述的评估和核查工作。

第 112 条

各成员国应采取一切适当措施确保药品上市许可持有人以及（如适用）生产许可持有人按照第 8 条第 3 款（h）点所列方法提交药品和（或）药物成分控制证明以及生产过程中期控制证明。

第 113 条

为了实施第 112 条，各成员国可以要求免疫产品生产商依照第 51 条向主管部门提交合规人员签署的所有控制报告副本。

第 114 条

1. 若认为对公众健康有必要，则成员国可要求上市许可持有人提交以下样品：

● 活疫苗。

● 婴儿或其他风险群体基础免疫使用的免疫药品。

● 公众健康免疫计划使用的免疫药品。

● 在上市许可中通常规定的过渡时期，使用新技术、变革技术或针对特定生产商的新技术生产的新型免疫药品。

应提交每一药品批次的样品供官方药物控制实验室（或成员国指定的实验室）用于上市前检验，除非某批次药品在另一成员国生产，并且该成员国主管部门之前已进行过检查，并宣称其符合批准的规格。各成员国应确保任何此类检查在接收样品后 60 天内完成。

2. 出于维护公共卫生利益的考虑，成员国的法律规定：主管部门可以要求提取自人源血液或人源血浆的药品的上市许可持有人在产品进入自由流通之前，提交上述各批次样品（或药品）供官方药物控制实验室（或成员国出于检验目的指定的实验室）检验。但下列情形除外：另一成员国主管部门事先审查了有关批次，并宣布其符合批准的规格。各成员国应确保任何此类检查在接收样品后 60 天之内完成。

第 115 条

各成员国应采取一切必要措施确保自人源血液或血浆提取的药品制备中使用的生产和提纯工艺经过适当的批准，保证各个批次的一致性，并在技术许可的范围内，保证没有特异的病毒污染。有鉴于此，生产商应向主管部门报告减少或清除易于由人源血液或血浆提取产品传播的病原性病毒所使用的方法。主管部门可以提交样品和（或）药品供国家实验室或出于检验目的指定的实验室检验，检验时间为申请审查期间（依照第 19 条的规定）或上市许可授予之后。

第 116 条

如果审查认为药品有害或缺乏疗效，或者风险 – 收益平衡处于不利状态，或药品质量和数量构成与说明不符，则主管部门应暂停、撤销或变更上市许可。当得出无法从药品中获得治疗结果的结论时，可认定缺乏疗效。

若第 8、10、10a、10b、10c、11 条中规定的申请细节不正确或未依照第 23 条进行修改，或者第 21a、22、22a 条中所述的任何条件未被满足或第 112 条中所述的控制没有实施，则可以暂停、撤销或变更上市许可。

本条第 2 款也适用于下列情况：药品生产未依照第 8 条第 3 款（d）点中规定的细节进行，或未依照第 8 条第 3 款（h）点所述的方法控制。

第 117 条

1. 在不损害第 116 条规定措施的情况下，各成员国应采取一切恰当措施确保禁止药品供应，并将药品从市场撤出，如果其认为：

（a）药品有害。

（b）药品缺乏疗效。

（c）风险 – 收益平衡处于不利状态。

（d）药品的质量和数量成分与说明不符；未对药品和（或）其成分以及生产过程进行中期控制；不满足授予上市许可的其他要求或者未履行授予上市许可的其他义务。

2. 主管部门可将禁止供应或撤出市场的药品限制在出现问题的批次上。

3. 对于依照第 1、2 款禁止供应或撤出市场的药品，在特殊情况下，主管部门可允许在过渡期将产品供应给已经用该产品进行治疗的患者。

第 117a 条

1. 各成员国应建立一个适当体系，防止疑似存在健康危害的药品流通至患者。

2. 第 1 款中所述的体系应涉及接收及处理疑似虚假药品和疑似质量缺陷药品的通告，也应涵盖由上市许可持有人或国家主管部门在正常工作时间之内或之外对供应链中所有参与者进行的药品召回或药品撤市。此外，该体系还应尽可能（必要时在医疗保健专业人士的协助下）使相关药品可以从接收到此类产品的患者处召回。

3. 如果怀疑问题药品会给公众健康带来严重风险，首先发现该产品的成员国主管部门应立即向所有成员国和该成员国内供应链中的所有参与者传送一份快速警报通知。如果认为此类药品已到达患者手中，则应在 24 小时内签发紧急公告，以便从患者处召回药品。这些公告应包含疑似质量缺陷、假冒产品或相关风险的充分信息。

4. 各成员国应在 2013 年 7 月 22 日之前通知欧盟委员会本条所述之各自国家体系的细节。

第 118 条

1. 主管部门应暂停或撤销不再符合第 41 条所列任一要求的某类制剂或所有制剂的上市许可。

2.除第 117 条指明的措施之外，主管部门可以暂停生产或进口来自第三国的药品，也可以暂停或撤销不符合第 42、26、51、112条相关规定的某类制剂或所有制剂的上市许可。

第 118a 条

1.对于违反依照本指令采纳的国家规定的侵权行为，各成员国应制定适用的处罚规则，并应采取必要措施确保处罚得到实施。处罚应有效、适当并具有劝导性。

这些处罚应与具有类似性质和重要性的侵犯国家法律的行为之处罚相当。

第 1 款中所述的规则尤其应针对下列情况：

（a）生产、销售、代理、进口和出口假冒药品，以及通过信息社会的服务方式远程向公众销售假冒药品。

（b）未遵守本指令有关活性物质生产、销售、进口和出口的规定。

（c）未遵守本指令有关辅料的使用规定。

2.相关处罚应考虑假冒药品给公众健康带来的风险。

3.各成员国应在 2013 年 1 月 2 日前将依据本条采纳的国家规定通知欧盟委员会，并即刻公布任何后续修正条款。

在 2018 年 1 月 2 日前，欧盟委员会应向欧洲议会和欧盟理事会提交一份报告，概述各成员国对本条的调整措施，并提交一份这些措施的有效性评估报告。

第 118b 条
各成员国应组织患者和消费者组织以及（如必要）成员国执法人员召开会议，就打击假冒药品的预防和执法行动进行公开交流，以便传达关于为打击假冒药品所采取的行动（在预防和执法领域）的公共信息。

第 118c 条
在实施本指令的过程中，各成员国应采取必要措施确保药品主管部门和海关当局之间的合作。

第 119 条
本篇规定应适用于顺势疗法药品。

第十二篇 | 常务委员会

第 120 条

欧盟委员会应采纳任何为使附件 I 适应科技进步而进行的必要更改。旨在修订本指令非必要元素的那些措施应遵照第 121 条第（2a）款所述的监管审查程序进行。

第 121 条

1. 人用药品常务委员会（以下简称"常务委员会"）应协助欧盟委员会适应技术进步，消除药品部门的贸易技术壁垒指令。

2. 鉴于第 8 条的规定，在参考本款的情况下，第 1999/468 号（EC）决定的第 5 条和第 7 条适用。

第 1999/468 号（EC）决定第 5 条第 6 款中规定的期限应为 3 个月。鉴于第 8 条的规定，在参考本款的情况下，第 1999/468 号（EC）决定第 5a 条 1–4 款和第 7 条适用。

3. 鉴于第 8 条的规定，在参考本款的情况下，第 1999/468 号（EC）

决定第 4 条和第 7 条适用。

第 1999/468 号（EC）决定第 4 条第 3 款中规定的期限应为 1 个月。

4. 常务委员会的程序规则应向公众公布。

第 121a 条

1. 应自 2011 年 1 月 20 日起授予欧盟委员会采用第 22b、47、52b、54b 条中所述之授权法案的权力，有效期为 5 年。欧盟委员会最迟应在 5 年期结束前 6 个月草拟一份关于授予之权力的报告。除非欧洲议会或欧盟理事会依据第 121b 条之规定撤销授予的权力，否则将按相同期限自动延期。

2. 一旦欧盟委员会采纳了授权法案，其应将授权法案同时通知欧洲议会和欧盟理事会。

3. 应在第 121b 条和第 121c 中规定的条件下授予欧盟委员会采纳授权法案的权力。

第 121b 条

1. 欧洲议会或欧盟理事会可随时撤销第 22b、47、52b、54a 条中所授予的权力。

2. 启动内部程序以决定是否撤销授予之权力的机构应尽力在做出最终决定之前的合理时限内，通知其他机构和欧盟委员会，并说明可能会撤销授予的权力及潜在的撤销原因。

3. 在做出撤销决定后，应结束授予决定中指定的权力。该决定应立即生效或于此处指定的稍后日期生效。已生效的其他授权法案之有效性不会受此影响。应在《欧盟官方期刊》上发布关于该撤销决定的消息。

第 121c 条

1. 欧洲议会或欧盟理事会可自通知之日起 2 个月内对授权法案提出反对意见。

根据欧洲议会或欧盟理事会的倡议，该期限应延长 2 个月。

2. 若在上述第 1 款中所述之期限期满时，欧洲议会或欧盟理事会均未对授权法案提出反对意见，则应在《欧盟官方期刊》上发布该授权法案。同时，该授权法案将于所述之日起生效。

若欧洲议会和欧盟理事会均向欧盟委员会通知其不欲提出反对意见，则可在《欧盟官方期刊》上发布所采纳的授权法案，且该授权法案可于该期限期满之前生效。

3. 若欧洲议会或欧盟理事会在上述第 1 款中所述之期限内对授权法案提出反对意见，则该授权法案无效。提出反对意见的机构应说明其反对该授权法案的原因。

第十三篇 | **总则**

第 122 条

1.各成员国应采取一切适当措施确保相关主管部门相互磋商，以保证第 40、77 条所述之授权、第 111 条第 5 款所述之证明或上市许可的要求都得到满足。

2.应合理请求，各成员国应将第 111 条第（3）款所述的电子版报告发送给另一个成员国的主管部门或欧洲药品管理局。

3.依照第 111 条第（1）款形成的结论在整个欧洲共同体内有效。但是在特殊案例中，如果一个成员国出于公众健康原因无法接受依据第 111 条第（1）款进行检查后形成的结论，该成员国应立即通知欧盟委员会和欧洲药品管理局。欧洲药品管理局应通知相关成员国。

欧盟委员会接到这些意见分歧通知时，可以在咨询相关成员国后请执行初始检查的检查人员进行新的检查；检查人员可以由两名其他检查人员（其来自分歧成员国以外）陪同。

第 123 条

1. 每个成员国应采取一切适当措施确保上市许可、拒绝或撤销上市许可、取消拒绝或撤销上市许可、禁止供应或药品撤市的决定以及做出此类决定的理由提请欧洲药品管理局的注意。

2. 上市许可持有人有责任将其暂停药品上市或者药品撤市、请求撤销上市许可或不再申请上市许可延期所采取的任何行动以及此类行动的理由通知相关成员国。如果此类行动基于第 116 条或第 117 条第（1）款所述理由，上市许可持有人应特别声明。

a. 如果所采取的行动发生在第三国，并且此类行动基于第 116 条或第 117 条第（1）款所述之任何理由，则上市许可持有人也应依照本条第 2 款所述进行通报。

b. 若本条第 2 款或 2a 款所述的行动基于第 116 条或第 117 条第（1）款所述之任何理由，上市许可持有人还应通知欧洲药品管理局。

c. 欧洲药品管理局应立即依照第 2b 款将接收的通告转交给所有成员国。

3. 各成员国应确保依照第 1、2 款采取行动（该行动可能会影响到第三国的公众卫生保护）的适当信息提请世界卫生组织注意，并给欧洲药品管理局寄送一份副本。

4. 欧洲药品管理局每年都应将欧盟内被拒绝、撤销、暂停上市许可的药品清单，以及被禁止供应或要求撤市的药品清单（包括采取此类行动的理由）向公众公布。

第 124 条

为保证在欧洲共同体内生产和销售的顺势疗法药品的质量和安全，各成员国应相互就一切必要信息，特别是第 122、123 条中所述的信息进行沟通。

第 125 条

本指令所述之成员国主管部门采纳的每个决定均应详细说明采纳该决定所依据的理由。

此决定与相关方在现行法律下可获得的赔偿信息以及获得此类赔偿的期限应通知相关方。

授予或撤销某个上市许可的决定应予以公开。

第 126 条

除本指令所述理由，不应拒绝、暂停或撤销药品上市许可。

除第 117、118 条所述理由，不可采纳暂停生产或从第三国进口药品、禁止供应或药品撤市的决定。

第 126a 条

1. 依照本指令，若在另一成员国许可的药品没有本国上市许可或没有待审批申请，则一成员国可出于充分的公众健康理由授予上述药品上市许可。

2. 在这种情况下，一成员国应采取必要措施确保其符合本指令要求，特别是第五、六、八、九和十一篇中所述之要求。各成员国可以确定第 63 条第（1）（2）款不适用依照第 1 款授予许可的药品。

3.在批准此类上市许可之前，成员国：

（a）应在授予相关药品许可的成员国内通知上市许可持有人依照本条授予相关药品上市许可的建议。

（b）可以要求该成员国主管部门提交第21条第（4）款所述的评估报告副本和相关药品的有效上市许可副本。若有成员国如此要求，则该成员国主管部门应在接到要求的30日内，提供评估报告副本和相关药品的上市许可副本。

4.欧盟委员会应对根据第1款许可的药品建立可以公开访问的登记记录。如果依照第1款批准或停止批准任何药品，各成员国应通知欧盟委员会，包括上市许可持有人的姓名、公司名称和永久地址。欧盟委员会应相应修订药品登记记录，并在其网站公开。

5.为提供任何必要之修改意见，欧盟委员会应在2008年4月30日前将应用此条款的报告呈交给欧洲议会和欧盟理事会。

第 126b 条

为保证工作的独立性和透明度，各成员国应确保主管部门负责授予许可的工作人员、负责药品许可和监管工作的特派调查员和专家在制药行业没有财务或其他利益，不会影响其公正性。这些相关人员应每年就其财务利益进行声明。

此外，各成员国应确保主管部门允许公众获取其程序规则、委员会规则、会议日程、会议记录以及采纳的决议、投票细节和投票解释（包括少数人的观点）。

第 127 条

1. 应生产商、出口商或进口第三国主管部门的要求，各成员国应证明药品生产商持有生产许可。签发此类证明时，各成员国应遵循下列条件：

（a）各成员国应考虑世界卫生组织的主要管理安排。

（b）对于已经在成员国领土上授予许可的出口药品，各成员国应依照第 21 条提供经批准的产品特性概要。

2. 生产商没有上市许可时，其应给负责开具第 1 款所述证明的机构提供一份声明，解释未获取上市许可的原因。

第 127a 条

如果依照第 726/2004 号（EC）法规药品即将被授予上市许可，但人用药品委员会在其意见中认为需要参考第 9 条第（4）款第（c）、（ca）、（cb）或（cc）点中规定的建议条件或限制，则欧盟委员会可根据本指令第 33、34 条通过对各成员国实施这些条件或限制的决定。

第 127b 条

各成员国应确保对于未使用的药品或上市许可过期的药品具有适当的回收系统。

第十四篇 │ **最终条款**

第 128 条

A 部分附件 Ⅱ 所述指令修订的第 65/56、75/318、75/319、89/342、89/343、89/381、92/25、92/26、92/27、92/28 和 92/73 号 (EEC) 指令被废止，但不影响 B 部分附件 Ⅱ 规定的各成员国实施期限之责任。

对废止指令的引用应视为对本指令的引用，并应依照附件 Ⅲ 中的相关表格进行解读。

第 129 条

本指令应自《欧盟官方期刊》发布之日起的第 20 天开始生效。

第 130 条

本指令适用于各成员国。

附件 I   关于药品检测的分析、药理毒理学及临床标准和方案

介绍和通则

（1）依照第 8 条和第 10 条第（1）款随附的上市许可申请详细资料和文件应按照本附件要求提交，并且应遵照欧盟委员会公布的欧洲共同体药品规则、申请人通知（第 2B 卷）、人用药品、申请资料格式及内容、通用技术文件（CTD）的指南。

（2）详细资料和文件应按照五个模块进行提交：模块 1 向欧洲共同体提供详细的管理数据；模块 2 提供质量、非临床和临床概要；模块 3 提供化学、药学和生物学信息；模块 4 提供非临床报告；模块 5 提供临床研究报告。该内容对于所有 ICH 地区（欧洲共同体、美国、日本）采用通用的格式。这五个模块应严格按照上文所述申请人通知（第 2B 卷）中描述的详细格式、内容和编号系统提交。

（3）欧洲共同体 CTD 格式适用于所有类型的上市许可申请，无论申请程序如何（例如集中申请、互认申请或国家申请），也无论程序是基于完整或部分申请。同时，该格式也适用于全部类型的

产品，包括新化学实体（NCE）、放射性药物、血浆制品、疫苗、草药品等。

（4）在整理上市许可申请资料时，申请人也应考虑欧洲专利药品委员会（CPMP）采用的人用药品质量、安全性和有效性的科学指导原则、欧洲药品评价局（EMEA）公布的指导原则，以及欧盟委员会在规范欧洲共同体内药品规则不同申请资料中公布的其他欧洲共同体药物指导原则。

（5）关于申请资料的质量部分（化学、药学和生物学），包括《欧洲药典》总论和概论章节的所有专论都适用。

（6）生产工艺应符合欧盟委员会第 91/356 号（EEC)指令规定的人用药品生产质量管理规范（GMP）的原则和指导方针，以及欧盟委员会在《欧洲共同体药品规定》第 4 卷公布的 GMP 原则和指导方针。

（7）无论信息是否有利于药品，相关药品评估的信息均应包含在申请中。尤其是，药品不完整或被废弃的药物毒理学、临床检验或试验和（或）申请中未包含的治疗适应证完整试验细节均应予以提供。

（8）所有在欧洲共同体内进行的临床试验必须符合欧洲议会及欧盟理事会第 2001/20 号（EC)指令的要求（类似于各成员国就人用药品临床试验实施良好临床规范制定的法律、规章和管理法规）。在申请评估期间，欧洲共同体外进行的、欲应用于欧洲共同体的临床试验，应遵循良好的临床规范和伦理准则进行设计、实施和报告，该原则应等同于第 2001/20 号（EC)指令。临床试验应按照《赫尔辛基宣言》等表明的伦理原则执行。

（9）非临床研究（药物毒理学）应符合第 87/18 号（EEC）理事
会指令中关于良好实验室规范，以及第 88/320 号（EEC）法规中
关于检查和核实良好实验室规范（GLP）的规定。前者旨在统一
有关 GLP 适用原则的法规和行政规定，核查其在化学物质试验中
的应用情况。

（10）各成员国也应确保所有动物实验依照 1986 年 11 月 24 日颁
布的欧盟理事会第 86/609 号（EEC）指令进行（类似于各成员国
保护动物免于实验和其他科学用途的相似法律、规章和管理法规）。

（11）为监督风险 / 收益评估，初始申请中无需包括的任何新信息
和全部药物警戒信息应提交给主管部门。上市许可授予后，申请
资料数据的任何变化均应依照欧盟委员会第 1084/200335 号（EC）
法规和第 1085/200336 号（EC）法规的规定或者（如相关）依照
国家法规以及欧盟委员会出版物《欧洲共同体药物规则》第 9 卷
的要求提交给主管部门。

本附件分四部分：

●第 I 部分介绍申请格式、产品特性概要、标准申请的标签、说
明书和格式要求（模块 1 至模块 5）。

●第 II 部分提供"特别申请"的豁免，例如：既定医疗用途、基
本相似药品、固定复方、相似生物制品、例外情况和混合申请（部
分基于书目需求，部分基于自己研究）。

●第Ⅲ部分讲述生物制品、放射性药物、顺势疗法药品、草药和罕见病药品的"特殊申请要求"（血浆主文件，疫苗抗原主文件）。

●第Ⅳ部分讲述"前沿治疗药品"并涉及基因疗法药品（使用人类自体系统、同种异体系统或异基因系统）、细胞疗法药品（均为人源或兽源）及异基因移植药品的特殊要求。

第一部分　标准的上市许可申请资料要求

1. 模块 1 管理信息

1.1 目录

应提交上市许可申请所需申请资料的完整目录（模块 1 至模块 5）。

1.2 申请表格

应标明作为申请主体的药品之名称和活性物质名称，以及药物剂型、给药途径、规格和最终呈现形式，包括包装。

应给出申请人姓名和地址、生产商名称和地址、生产不同阶段涉及的地点（包括成品药的生产商和活性物质的生产商）以及进口商的姓名和地址（如适用）。

申请人应指明申请的类型及提供的样品（如有）。

管理数据应附以第 40 条定义的生产许可副本以及授予许可的国家清单、各成员国认可的、符合第 11 条的全部产品特性概要副本与提交申请所在国家的清单。

如申请表所述，申请人尤其应提供申请药品主体细节、申请的法律依据、建议的上市许可持有人和生产商、罕见药品状态信息、科学建议和儿科发展规划。

1.3 产品特性、标签和包装说明书概要

1.3.1 产品特性概要

申请人应按照第 11 条提交产品特性概要。

1.3.2 标签和包装说明书

应提供建议的内外包装及包装说明书标签文本。以上内容应依照第五篇人用药品（第 63 条）标签和包装说明书（第 59 条）所列强制项进行。

1.3.3 样品与样本

申请人应提供相关药品内外包装、标签和包装说明书的样本和（或）样品。

1.3.4 已在各成员国获批的产品特性概要

申请表管理数据应附以各成员国批准的、符合第 11 条和第 21 条的所有产品特性概要的副本以及（如适用）提交申请所在国家的清单。

1.4 专家信息

依照第 12 条第（2）款，专家必须对上市许可申请资料和文件提供详细的观察报告（特别是模块 3、模块 4 和模块 5，分别为化学、药学和生物学文件、非临床文件和临床文件）。要求专家解决有关药品质量以及人和动物调研质量的关键问题，并公布相关数据用于评估。

满足以上要求，应提供一份总质量概要、一份非临床综述（动物研究中获取的数据）和一份临床综述，这些文件应涵盖在上市许可申请资料模块 2 中。另外，应在模块 1 中提交一份专家签名的声明，以及专家的教育背景、培训和职业经历的简要介绍。专家应具有恰当的技术或职业资格。同时，应声明专家与申请人的职业关系。

1.5 各类申请的特殊要求

见本附件第二部分所述之不同类型申请的特殊要求。

1.6 环境风险评估

在适用的情况下，上市许可申请应包括一份风险评估概要，评估由于使用和（或）处置药品所产生的潜在环境风险，并对于恰当的标签条款提出建议。释放包含转基因生物或由转基因生物组成的药品造成的环境风险，应按照欧洲议会和欧盟理事会于 2001 年 3 月 12 日颁布的第 2001/18 号（EC）指令第 2 条关于"故意释放转基因生物到环境中"及废除欧盟理事会第 90/220 号（EEC）指令的相关规定处理。

环境风险的信息应以附件的形式列在模块 1 中。

该信息应按照第 2001/18 号 (EC) 指令进行提交，并将欧盟委员会
公布的、实施上述条款的全部指导文件纳入考虑范围。

信息应由下列部分组成：

● 概要介绍。

● 按照第 2001/18 号 (EC) 指令 B 部分，出于研发目的有意向环境
释放转基因生物的书面同意副本一份。

● 第 2001/18 号 (EC) 指令附件 II 至附件 IV 要求的信息，包括侦测
和识别方法、转基因生物的识别码，以及用于评估环境风险的转
基因生物或相关产品的附加信息。

● 基于第 2001/18 号 (EC) 指令的附件 III 和附件 IV 指明的信息以及
依照第 2001/18 号 (EC) 指令的附件 II 准备的环境风险评估（ERA）
报告。

● 上述信息和 ERA 报告给出适当风险管理策略的结论，包括与
问题转基因生物和产品相关的上市监控计划以及一切需要在产品
特性、标签和包装说明书概要中呈现的任何特殊详细资料的证明；

● 通知公众的适当措施。

应包括注明日期的作者签名、作者教育、培训和职业经历信息以
及作者与申请人关系声明。

2. 模块 2 概要

本模块旨在概括上市许可申请资料模块 3、4、5 中涉及的化学、药学和生物学、非临床和临床数据，并提供本指令第 12 条所述的报告 / 概要。

应对上述关键数据进行处理和分析。应提供包含表格的真实概要。这些报告应参照表格或模块 3（化学、药学和生物文件）、模块 4（非临床文件）和模块 5（临床文件）主要文件中所含的信息。

模块 2 中包含的信息应按照申请人通知（第 2 卷）中所描述的格式、内容和编号系统提交。综述和概要应符合所附的基本原则和要求：

2.1 总目录

模块 2 应包括一份科学文件目录（指在模块 2~5 中提交的科学文件）。

2.2 简介

应提供上市许可所需的药品药理类别、作用模式和临床使用建议之信息。

2.3 总质量概要

总质量概要中应提供化学、药学和生物数据的信息审核。

质量方面的关键重要参数和问题应予以重视，未遵照相关指导方针的情形应给出合理理由。同时，应遵循模块 3 中相应详细数据的范围和概述书写本文件。

2.4 非临床综述

应提供在动物中／体外进行的药品非临床评估的关键性综合评
定，包括试验策略以及偏离相关指导方针的讨论和说明。

应包括对杂质和降解产品的评估结果及其潜在的药理学、毒理学
效应（生物制品除外）。

应讨论非临床研究中所用的化合物与欲上市产品之间在手性、化
学形态、杂质分布方面的一切差异所导致的影响。

对于生物制品，应评估其非临床研究、临床研究中所用材料与上
市药品的兼容性。

任何新型辅料均应进行特别安全评估。

应对非临床研究所论证的药品特性进行定义，并对人类临床用药
安全性的研究意义进行讨论。

2.5 临床综述

临床综述旨在为临床概要和模块 5 中的临床数据提供关键分析。
临床综述中应提供药品临床研发方法（包括关键研究设计、研究
决定及研究实施方面的信息）。

应提供简要的临床研究发现概述，包括重要局限以及基于临床研

究结论进行的风险——收益评估。需要解释药品有效性、安全性之研究结果可用于拟建议剂量和目标适应证的支撑方式，并对产品特性概要及其他方法将如何优化药品效益、管理药品风险进行评估。

对于研发过程中遇到的有效性或安全性问题以及未解决的问题应予以解释。

2.6 非临床概要

在动物或体外进行的药理学、药代动力学和毒理学研究结果应如实提供（以书面和表格概要形式），具体顺序如下：

● 介绍
● 药理学书面概要
● 药理学表格概要
● 药代动力学书面概要
● 药代动力学表格概要
● 毒理学书面概要
● 毒理学表格概要

2.7 临床概要

应提供模块 5 中所述之详细、真实的药品临床信息概要，包括所有生物制剂研究结果、临床药理学研究结果以及临床有效性和安全性研究结果，并提供个体研究概要。

临床信息概要应按下列顺序提交：

●生物医药及相关分析方法概要
●临床药理学研究概要
●临床有效性概要
●临床安全性概要
●个体研究概要

3. 模块 3：包含化学物质和（或）生物活性物质的药品化学、制
药和生物信息

3.1 格式和内容

模块 3 的大纲如下：

●目录

●主要数据
○活性物质

○基本信息
＊药品名称
＊结构
＊理化性质

○生产信息
＊生产商
＊生产工艺及工艺控制介绍
＊物料控制
＊关键步骤和中间体的控制

* 工艺验证和（或）评价
* 生产工艺研发

○ 特性鉴定
* 结构与理化性质
* 杂质

○ 活性物质的控制
* 规范
* 分析方法
* 分析方法的验证
* 批检验报告
* 质量标准制定依据
○ 对照标准或参考材料

○ 包装材料和容器

○ 稳定性
* 稳定性概要和结论
* 上市后稳定性方案和承诺
* 稳定性数据

● 成品药
○ 药品描述及组成

○ 药品研发
* 药品构成

– 活性物质
– 辅料

○药品研究
– 处方开发过程
– 过量投料
– 理化特性及生物学特性
* 生产工艺研发
* 包装材料和容器
* 微生物性质
* 兼容性

●生产信息
○生产商
○批处方
○生产工艺及工艺控制描述
○关键步骤和中间体的控制
○工艺验证和（或）评价

●辅料控制
○质量标准
○分析方法
○分析方法的验证
○质量标准制定依据
○人源或动物源辅料
○新型辅料

●成品药控制

○质量标准

○分析方法

○分析方法的验证

○批检验报告

○杂质分析

○质量标准制定依据

●对照标准或参考材料

●包装材料和容器

●稳定性

●稳定性概要和结论

○上市后稳定性方案和承诺

○稳定性数据

●附件

○设施和设备（只适用于生物制品）

○外源性因素安全性评估

○辅料

●欧洲共同体附加信息

○药品工艺验证计划

○医疗设备

○适用性证明

○包含动物源和（或）人源材料的药品或生产工艺中使用动物源和（或）人源材料的药品（试验辅助设备程序）

●参考文献

3.2 内容：基本原则和要求

（1）需要提供的活性物质和成品药化学、制药和生物数据应包含以下所有相关信息：研发、生产工艺、特性和属性、质量控制操作和要求、稳定性以及成品药构成和格式的描述。

（2）应分别提供活性物质和成品药的主要信息（共两套）。

（3）本模块应额外提供活性物质生产过程中使用的起始原料和原材料详细信息，以及成品药制备过程中采用的辅料详细信息。

（4）应详细描述活性物质和成品药生产和控制过程中使用的所有程序和方法，使其可以应主管部门的要求在对照试验中重复使用。所有试验程序应符合当时科学发展现状，并需要验证。验证研究结果应予提供。

若《欧洲药典》中已包含试验程序，则本说明内容可由恰当、详细的专论和一般章节参考资料所替代。

（5）《欧洲药典》专论应适用于出现在药典中的所有物质、制剂和剂型。对于其他物质，各成员国可以要求遵守其本国的药典。

但是，若《欧洲药典》或成员国药典中某种原料的制备方法很容易留下杂质，无法在药典专论中对照，则应阐明这些杂质及其最大耐受量并说明适当的试验程序。若《欧洲药典》专论或成员国国家药典中包含的规范不足以保证物质质量，则主管部门可以要求上市许可持有人提供更适合的规范。同时，主管部门应通知负责问题药典的机构，上市许可持有人应向该药典机构提供详细的疑似缺陷及适用的其他规范。

若《欧洲药典》中包含分析程序，则各相关章节中的说明内容可由恰当、详细的专论和一般章节参考资料所替代。

（6）若《欧洲药典》或成员国药典中没有起始原料和原材料、活性物质或辅料的描述，则可以遵守第三国药典专论。在这种情况下，申请人应提交一份该专论的副本，并附上专论中分析程序证明及译文（如适用）。

（7）若活性物质和（或）原料、起始原料或辅料为《欧洲药典》专论主体，则申请人可以申请适合性证明（若由欧洲药品质量管理局批准，应在本模块相关部分提交）。《欧洲药典》专论的这些适合性证明可以取代本模块所述的相应章节相关数据。生产商应向申请人出具书面保证——自欧洲药品质量管理局批准适合性证明以来，生产工艺没有更改。

（8）对于定义明确的活性物质，生产商或申请人可以将

● 生产工艺详细说明
● 生产期间的质量控制
● 工艺验证

整理到一个单独的文件中，由活性物质生产商以活性物质主文件的形式直接提交给主管部门。

然而，在这种情况下，生产商应为申请人提供药品的全部必要数据，并向申请人提供书面确认，确保各个批次之间的一致性，以

及在未通知申请人的情况下不对生产工艺或规范做出更改。若涉
及此类更改，则支持申请的文件和详细资料应提供给主管部门；
当涉及活性物质主文件的开放部分时，这些文件和详细资料也应
提供给申请人。

（9）防止动物海绵状脑病（来自反刍动物的材料）传播所采取的
特别措施：申请人必须证明生产工艺的每个步骤所用的材料均符
合欧盟委员会在欧盟官方公报中公布的《关于最大程度控制动物
海绵状脑病病原体经药品传播风险的指导说明及其更新要求》的
规定。可以通过提交欧洲药品质量管理局批准的《欧洲药典》相
关专论适合性证明（优先）或者通过提供证明符合此要求的科学
数据证实所用材料符合上述指导说明。

（10）对于外源性因素，应根据相关指导方针以及《欧洲药典》
相关一般专论和一般章节规定提供与外援因子潜在污染风险有关
的评估信息，不论该外源性因素是病毒性的还是非病毒性的。

（11）应详细描述在药品生产工艺和控制过程中的任何阶段可能
用到的全部特殊器具和设备。

（12）应提供欧洲共同体立法要求的医疗设备欧洲合格认证（CE
认证）标志。

应特别注意下列所选因素（若适用）。

3.2.1 活性物质

3.2.1.1 基本信息与起始原料和原材料相关信息

a）应提供活性物质的命名信息，包括推荐的国际非专有名称（INN）、《欧洲药典》名称（如相关）、化学名称。

应提供结构式（包括相对和绝对立体化学结构式）、分子式和相对分子质量。对于适用的生物技术药品，应提供氨基酸序列示意图和相对分子质量。

应提供活性物质的物理化学性质和其他相关性质清单，包括生物制品的生物活性。

b）对于本附件，起始原料应指生产或提取活性物质的所有材料。

对于生物制品，起始原料应指生物来源的任何物质，例如微生物、器官和来源于动物或植物的组织、细胞或来源于人类或动物的液体（包括血液或血浆），以及生物技术细胞构造（细胞基质，包括初生细胞——无论其是否为重组体）。

生物制品是一种产品，其活性物质是一种生物物质。生物物质是由生物原料生产或提取的一种物质，其特性描述和质量确定需要将物理—化学—生物试验与生产工艺及其控制相结合。以下产品应视为生物制品：分别在第 1 条第（4）、第（10）款定义的免疫药品和源自人类血液和血浆的药品；属于第 2309/93 号（EEC）法规附件 A 部分范围的药品；本附件第四部分定义的前沿治疗药品。

任何用于生产或间接提取活性物质的其他物质，例如试剂、培养基、胎牛血清、添加剂和色谱分析法所用的缓冲剂等都属于原材料。

3.2.1.2 活性物质的生产工艺

a）对于活性物质生产工艺的描述表明了申请人对活性物质生产
的责任。为了充分描述生产工艺和工艺控制，应提供欧洲药品管
理局公布的指导方针中所规定的适当信息。

b）生产活性物质所需的全部材料应予以列出，并确定每种材料
用于生产工艺的哪个阶段。同时，应提供这些材料的质量和控制
信息以及证明材料符合其预期用途的信息。

应列出原材料，也应记录原材料质量和控制方面的信息。

应提供每个生产商（包括承包商）以及生产和试验过程中涉及的
每个建议生产地点或设备的名称、地址和责任。

c）对于生物制品，适用下列附加要求：

应描述并记录起始原料的来源和历史。对于防止动物海绵状脑病
传播所采取的特别措施，申请人必须证明活性物质符合欧盟委员
会在欧盟官方公报中公布的《关于最大程度控制动物海绵状脑病
病原体经药品传播风险的指导说明及其更新要求》的规定。

使用细胞库时，细胞特性应显示为其可用于生产及以后阶段的传
代水平未发生改变。

种子材料、细胞库、血清或血浆库及其他生物材料来源、或（如
可能）提取材料均应检测外源性因素。

如果潜在致病外源性因素不可避免地存在，则仅在进一步处理可
以确保致病外源性因素被清除或灭活的情况下，方可使用相应材

料，并且该步骤应进行验证。

在任何可能的情况下，疫苗生产应建立在种子批系统和已建细胞库的基础上。对于细菌性和病毒性疫苗，致病因子的性质应在种子上证明。此外，对于活疫苗，应在种子上证明其衰减特征的稳定性。如果证据不充分，还应在生产阶段证明其衰减特征。

对于源自人类血液或血浆的药品，起始原料的来源、采集、运输和储存的标准和程序应按照本附件第三部分所列条款进行描述和记录。

生产设施和设备应予以描述。

d）应酌情提供在每个关键步骤执行试验和验收的标准、关于中间体的质量和控制的信息以及工艺验证和（或）评估研究的信息。

e）如果潜在致病外源性因素不可避免地存在，相关材料只有在经过进一步处理可以确保致病外源性因素被清除或灭活的情况下方可使用，并且该步骤应在处理病毒安全评估的部分进行验证。

f）若研发过程中活性物质的生产工艺和（或）生产地址发生重大变更，应提供相关描述或进行相关讨论。

3.2.1.3 活性物质的特性描述

应提供强调活性物质结构和其他性质的数据。

应提供基于任何物理化学和（或）免疫化学和（或）生物学方法

确认的活性物质结构以及关于杂质的信息。

3.2.1.4 活性物质的控制

应提供活性物质常规控制所用规范的详细信息、选择这些规范的理由、分析方法及其验证。

应提供研发期间生产的各个批次的控制结果。

3.2.1.5 参考标准或材料

对于参比制剂和标准应进行确认和详细描述。如有关联,应使用《欧洲药典》的化学和生物学参考材料。

3.2.1.6 活性物质的包装材料和容器

应提供包装材料和容器的描述及其规格。

3.2.1.7 活性物质的稳定性

a)应概述进行研究的类型、使用的方案和研究结果。

b)应以适当的格式提交详细的稳定性研究结果,包括生成数据所采用的分析程序信息,以及这些程序的验证。

c)应提供上市后稳定性方案和承诺的相关文件。

3.2.2 成品药

3.2.2.1 成品药的描述和构成

应提供成品药的描述及其构成。信息应包括剂型和组成、成品药所有成分、单位剂量、下列成分的功能：

● 活性物质。

● 辅料的成分（无论其性质或使用量），包括色素、防腐剂、佐剂、稳定剂、增稠剂、乳化剂、调味和芳香剂等。

● 药品外壳的成分，将被患者吸收或给患者用药（硬胶囊、软胶囊、直肠用胶囊、包衣片剂、薄膜包衣片剂等）。

● 任何关于容器类型的相关信息、适当情况下的密闭方式、药品使用或投药的设备详情，以及药品递送所需设备等这些信息应作为上文所述信息的补充。

尽管第 8 条第（3）款©项中有其他规定，用来描述药品成分的"通用术语"还应：

● 对于出现在《欧洲药典》中的物质，或不在其中但出现在某成员国国家药典中的物质，其主标题及相关参考药典应位于问题专论的前端。

● 对于其他物质——世界卫生组织推荐的国际非专有名称（INN）物质、不在 INN 中但有确切科学名称的物质以及没有国际非专有名称或确切科学名称的物质，应描述该物质的制备方法或制备来源，并在适当情况下，酌情补充任何其他细节。

●对于色素，根据 1977 年 12 月 12 日第 78/25 号 (EEC) 理事会指令中关于成员国批准药品使用色素的近似规则和（或）1994 年 6 月 30 日欧洲议会和理事会关于食品用色素的第 94/36 号 (EC) 指令，标示为代码 "E"。

为了给出成品药活性物质的 "定量构成"，根据所涉及的药物形式，有必要规定生物活性物质的质量单位和数量单位或每种活性物质的每剂量、质量、体积单位。

以化合物或衍生物形式出现的活性物质应通过其总质量进行定量，若有必要或在相关的情况下，可通过活性实体或分子实体的质量进行定量。

对于包含活性物质的药品，首次作为任何一个成员国上市许可的申请主体时，其活性物质（盐或水合物）定量应系统地通过活性实体或分子中实体的质量进行表述。随后在成员国内许可的所有药品，对于同样活性物质应以相同方式阐述其定量组成。

对于无法用分子式定义的物质，应使用生物活性单位定义。如果世界卫生组织已定义生物活性的国际单位，应予以采用。若未定义国际单位，则对生物活性单位的表述应使用（如适用）《欧洲药典》单位，以清楚地提供物质活性的信息。

3.2.2.2 药物研发

本章致力于提供剂型、制剂、生产工艺、包装材料和容器、微生物特性和用法说明的药品研发信息，该信息适合于上市许可申请资料指明的预期用途。

本章所描述的研究与根据规范进行的常规控制试验有显著区别。应确定和描述可以影响批次的重复性、药品性能和药品质量的制剂关键参数及工艺特性。在适当的情况下，其他支持性数据应作为上市许可申请资料模块 4（非临床研究报告）和模块 5（临床研究报告）的附加参考资料。

a）活性物质与辅料的兼容性，以及关键的、可影响成品药性能的活性物质的物理化学性质，或者在复方产品中影响不同活性物质之间兼容性的信息应记录存档。

b）辅料的选择，特别是有关其各自功能和浓度的信息应记录存档。

c）应提供成品药研发过程的描述，应考虑建议的给药途径和用法。

d）制剂的任何过量应取得批准。

e）成品药表现出的任何有关物理化学和生物性质的相关参数应进行处理并记录存档。

f）应提供生产工艺的选择和优化、生产关键临床批次所用生产工艺与生产建议成品药使用工艺之间的差异。

g）储存、运输和使用成品药所用包装材料和容器的适用性应记录存档。应考虑到药品和容器之间可能发生的反应。

h）未经灭菌和已灭菌产品剂型的微生物特性应符合《欧洲药典》的要求，并按照药典规定记录存档。

i ）成品药和复原稀释剂或剂量设备之间的兼容性应记录存档，以为标签提供适当的、可支持的信息。

3.2.2.3 成品药的生产工艺

a ）根据第 8 条第（3）款（d）项之规定，对上市许可申请中随附的制造方法的描述，应以概要的方式起草，并阐明所采用之操作方法的性质。

出于这个目的，相关材料应至少包括：

● 对生产所涉各个阶段的评估，包括工艺控制、相应验收标准、剂型生产所用工艺是否会造成组分上的逆向变化等。

●在连续生产的情况下，用以确保成品药同质性的相关举措的详细信息。

●在使用非标准生产方法时或在对产品至关重要的情况下，用于验证生产工艺的实验性研究。

●对于灭菌药品，灭菌工艺的详情和（或）使用的无菌程序。

● 详细的批次配方。

应提供每一个生产商（包括承包商）的名称、地址、职责，以及生产和检验中涉及的每个建议的生产地址或设备。

b ）与可能会在生产工艺中间阶段进行的产品控制检验相关的详

细资料，应包括考虑确保生产工艺一致性的信息。

这些检验对于检查药品与配方的相符性非常必要，特别是在申请人提出检验成品药的分析方法不包括对所有活性物质的检验（或者不包括对成分与活性物质要求相同的所有辅料成分的检验）时尤为重要。

当成品药的质量控制取决于生产过程中的控制检验，特别是如果药品主要由制备方法定义时，同样的原则也适用。

c）应提供生产工艺中关键步骤或关键验证的描述、文件资料和验证研究的结果。

3.2.2.4 辅料的控制

a）应列出生产辅料所需的所有材料，指明在生产过程中使用的每一种材料。应提供有关这些材料的质量和控制的相关信息。应提供可证明该材料符合其适当的预期用途标准的相关信息。

在所有情况下色素应满足第 78/25 号 (EEC) 指令和（或）第 94/36 号 (EC) 指令的要求。此外，色素应满足第 95/45 号 (EC) 指令中修订的纯度标准。

b）应详细描述每种辅料的规格和采用该规格的理由。应描述分析程序并恰当地进行验证。

c）应特别注意来源于人或动物的辅料

对于为防止动物海绵状脑病传播所采取的特别措施，申请人还必
须证明药品的辅料生产符合欧盟委员会公布的欧盟官方公报中关
于"将动物海绵状脑病病原体经药品传播的风险降至最低"的指
导说明及其最新要求。

为证明符合前文所述的指导说明，可以通过提交一份符合《欧洲
药典》有关传播性海绵状脑病专论的适合性证明书来实现（首选
方式），或者通过提供证明符合该要求的科学数据来实现。

d）新型辅料

对于首次在一种药品中使用的辅料或者通过新的给药途径使用的
辅料，应按照前文所述的活性物质的格式，提供全面的生产细节、
特性描述和控制信息，附带交叉引用支持的安全数据，包括非临
床和临床的数据。

应提交包含详细的化学、制药和生物信息的文件。此类信息的格
式应与模块 3 中活性物质专门章节规定的顺序相同。

新型辅料的信息应作为独立文件，依照上一款中描述的格式进行
提交。当申请人与新型辅料的生产商不同时，上述独立的文件应
可供申请人提交给主管部门。

新型辅料毒性研究的附加信息应在申请资料的模块 4 中予以提供。
临床研究应在模块 5 中提供。

3.2.2.5 成品药的控制

对于成品药的控制而言，一个批次的药品是指由具有相同初始量材料的全部药物剂型构成，并经历相同系列的生产和（或）灭菌操作，或在连续的生产过程中，在给定时间内生产的全部药品。

除非有正当的合理性说明，成品药中活性物质最大可接受的偏差为不超过 ±5%（在生产中）。

应提供这些规范及其选择（发行和保质期）合理性、分析方法与验证的详细信息。

3.2.2.6 参考标准或材料

如果之前活性物质相关部分未予提供，则应确定用来检验成品药的参比制剂和标准并对其进行详细描述。

3.2.2.7 成品药的容器和密闭

应提供对包装材料和容器的描述，包括每种直接接触药品的包装材料的特性及其规格（规格应包括描述和鉴定）。若适用，还应包含非药典方法（附带验证）。对于非功能性外包装材料只需提供简要介绍，对于功能性外包装材料应提供附加信息。

3.2.2.8 成品药的稳定性

a）应概述所进行的研究类型、使用的方案和研究的结果。

b）稳定性研究的详细结果，包括以恰当的格式提交生成数据所使用的分析程序以及这些程序的验证；在使用疫苗的情况下，应提供累积稳定性的信息（如适用）。

c）应提供上市后稳定性方案和承诺。

4. 模块 4：非临床报告

4.1 格式和内容

模块 4 的大纲如下：

目录

● 研究报告
○ 药理学
○ 初级药效学
○ 二级药效学
○ 安全药理学
○ 药效相互作用

● 药代动力学
○ 分析方法和验证报告
○ 吸收
○ 分布
○ 新陈代谢
○ 排泄
○ 药代动力学相互作用（非临床）
○ 其他药代动力学研究

● 毒理学

○ 单一剂量毒性

○ 重复剂量毒性

○ 基因毒性

* 体外

* 体内（包括支持性毒代动力学评估）

○ 致癌力

* 长期研究

* 短期或中期研究

* 其他研究

○ 生殖和发育毒性

* 繁殖力和早期胚胎发育

* 胚胎—胎儿发育

* 出生前和出生后发育

* 幼崽（年幼动物）给药的研究和（或）进一步评估

○ 局部耐药性

● 其他毒性研究

○ 抗原性

○ 免疫毒性

○ 机械学研究

○ 依赖性

○ 代谢物

○ 杂质

○ 其他

●参考文献

4.2 内容：基本原则和要求

下列选定的因素应特别加以注意。

（1）药理学和毒理学检验必须显示：

a）产品的潜在毒性和可能会在人体建议使用的条件下发生的任何危险或不良的毒性效应，这些情况应与病理状况进行关联评估。

b）产品的药理学性质与人体建议使用的定性和定量的关系。所有结果应可靠并具有一般适用性。在任何适用的情况下，在设计实验方法和评估结果时，应使用数学和统计学程序。

此外，有必要给予临床医生关于产品治疗和潜在毒性的相关信息。

（2）对于生物制品，例如免疫药品和源自人类血液或血浆的药品，本模块的要求应适合于个体产品；因此执行的检验计划应由申请人证明其合理性。

在制定检验计划时，必须考虑到下列因素：

对于需要重复给药的所有检验，设计时应考虑可能出现人工引入抗体或被抗体干扰的情况。

应考虑检查生殖功能、胚胎 / 胎儿和围产期毒性、潜在致突变性和潜在致癌性。如果确定不是活性物质造成的，则可以直接排除，无需进行研究。

（3）应对首次在制药领域使用的辅料的毒理学和药代动力学研究进行调查。

（4）如果药品在储存过程中可能出现显著的降解，则应考虑降解产品的毒理学信息。

4.2.1 药理学

药理学研究应遵循两种有区别的方法。

● 首先，与建议治疗用法相关的行为应予以充分调查研究和描述。在可能的情况下，应使用体内和体外的识别和验证分析法。新的实验技术需按此方式详细描述，以便可以进行重复实验。应使用量化术语表述结果，例如：剂量 – 效果曲线、时间 – 效果曲线等。在可能的情况下，应对一种物质或有着相似治疗效果的物质之数据进行比较。

● 其次，申请人应就相关物质对生理功能产生的潜在不良影响进行调查研究。执行这些调查研究的暴露剂量应在预期治疗范围中并高于一般剂量。除非实验技术是标准程序，否则应对其进行详细描述，使之可以重复实验，并且研究者应确立实验的有效性。对于相关物质的重复给药所产生的任何反应的疑似改变应予以调查研究。

在药效的相互作用方面，对活性物质组合的检验可以通过药理学假设或治疗效果指标来揭示。在第一种情况下，药效研究应证明这些相互作用，以使治疗用途的价值相互结合；在第二种情况下，若科学依据是通过治疗实验获得的，则调查研究应确定在动物中是否能够证明活性物组合的预期效果，并且应该对附带效应的重要性进行调查研究。

4.2.2 药代动力学

药代动力学指的是对活性物质的效果及其在生物体内代谢物的研究，涉及这些物质的吸收、分布、新陈代谢（生物转化）和排泄等。这些不同阶段的研究主要通过物理、化学或可能是生物学的方法，以及通过观察物质本身的实际药效活性来实现。

药物分布和消除的信息在所有情况下都应是必要的，因为此类数据在决定人用剂量时是不可或缺的，对于化学治疗物质（抗生素等）和其使用取决于其非药效学效应的物质（例如：多种诊断试剂），也要提供分布和消除的信息。

体外研究具有使用人体材料与动物材料对比的优势（例如蛋白结合、新陈代谢、药物—药物间相互作用）。所有药理学的活性物质的药代动力学研究都是必要的。对于已按照本指令条款进行研究的已知物质的新的联合使用，如果毒性试验和治疗实验证明可以省略药代动力学研究，则不要求进行该项研究。

药代动力学项目应被设计为允许在动物和人体之间进行比较和推断。

4.2.3 毒理学

a）单独剂量毒性

单独剂量毒性检验应意味着毒性反应的定性和定量研究，毒性反应可能源自活性物质或药品中包含物质（按照其在产品中的实际比例和物理化学状态）的单独给药。

单独剂量毒性检验必须依照欧洲药品管理局公布的相关指导方针执行。

b）重复剂量毒性

重复剂量毒性的检验目的是揭示将活性物质重复给药或将检验的活性物质的混合物重复给药所诱导的任何生理或解剖病理的变化，并确定这些变化与剂量的相关性。

通常应进行两个检验：一个是短期检验（持续 2~4 周），一个是长期检验。后者持续的时间应取决于临床应用的情况。其目的是描述潜在的逆向效应，对此在临床研究中应加以注意。欧洲药品管理局公布的相关指导方针中对持续时间进行了规定。

c）基因毒性

对于潜在的致突变和致染色体断裂的研究，旨在揭示某种物质可能在个体或细胞的遗传物质中引起的变化。致突变物质会对健康带来危害，因为接触诱变剂形成诱导生殖细胞突变的风险有产生遗传病的可能性，还会有体细胞突变的风险（包括可能导致癌症的体细胞突变）。对于任何一种新物质而言，都必须进行这些研究。

d）致癌性

通常需要进行揭示致癌效应的检验：

1. 对于任何预期临床用途为延长患者生命的药品，应进行这些研究。研究可通过连续的或周期性重复的方式进行。

2. 如果存在关于某些药品致癌性的担忧，例如同类产品、相似结构的产品或者有来自重复剂量毒性研究的证据，则推荐进行这些研究。

3. 不需对具有明确基因毒性的化合物进行研究，因为这些化合物可被推断为跨物种致癌物，其意味着对人类健康存在潜在危害。但如果此类药品拟长期给人类服用，则有必要进行长期研究以检测其早期致癌效应。

e）生殖和发育毒性

应通过合适的检验，对男性或女性生殖功能的可能损害以及对后代的有害影响进行调查研究。

当处于调查研究阶段的药品已用药给孕期女性时，这些检验应包括对成年男性或女性生殖功能的影响的研究，从受孕到性成熟的所有发育阶段的毒性和致畸效应的研究以及潜在的影响。

要省略这些检验必须有充分的理由。

根据药品表明的用途，当给孕期女性的下一代用药时，应许可进行针对发育的附加研究。

若已知取自某特殊物种的药品新陈代谢方式与取自人类的相似，则应将该物种包含在内。同样，所选物种也应与重复剂量毒性研究的物种相同。

在确定研究设计方案时应考虑递交该申请时科学技术的发展水平。

f）局部耐受性

局部耐受性研究的目的是确认身体某些部位对药品（活性物质和辅料）是否产生耐药性，因为在临床应用上给药方式可能会造成药品和身体部位直接接触。测试策略应确保给药方式的机械效应以及该产品纯粹的物理化学作用可与其毒理学或药效学反应加以区分。

局部耐受性测试应采用人源制剂进行，并在治疗对照组时使用溶媒和（或）辅料。必要时应加入阳性对照 / 参照物质。

局部耐受性测试的设计（物种的选择、持续时间、频率、给药路径、剂量）取决于需要研究的问题以及临床应用中推荐的给药条件。局部损伤的可逆性在相关条件下可加以应用。

出于安全评估目的，若试验结果的质量和效用具有可比性，则动物研究可被经过验证的体外试验替代。

对于应用于皮肤表面（如真皮、直肠、阴道）的化学药品，至少应在目前可用的一个测试系统（豚鼠实验或局部淋巴结实验）中对其潜在过敏性进行评估。

5. 模块 5：临床研究报告

5.1 格式和内容

模块 5 的纲要如下：

● 临床研究报告目录
● 所有临床研究的列表
● 临床研究报告

○ 生物制药研究报告
* 生物可用性研究报告
* 生物可用性和生物等效性比对研究报告
* 体外—体内研究报告
* 生物分析报告及分析方法

○ 使用人体生物材料进行的药代动力学研究报告
* 血浆蛋白结合研究报告
* 肝代谢及相互作用研究报告
* 使用其他人体生物材料进行的研究报告

○ 人体药代动力学研究报告
* 健康受试者药代动力学及初始耐受性研究报告
* 患者药代动力学及初始耐受性研究报告
* 内因子药代动力学研究报告
* 外因子药代动力学研究报告
* 群体药代动力学研究报告

○人体药理学研究报告

* 健康受试者药理学和药代动力 / 药理学研究报告

* 患者药理学和药代动力 / 药理学研究报告

○有效性与安全性研究报告

* 宣称药品适应证对照临床研究报告

* 实验组临床研究报告

* 多项研究数据分析报告（包括任何正式的综合分析、元分析和桥接分析）

* 其他研究报告

○上市经验报告

● 参考文献

5.2 内容：基本原则和要求

以下要点应予以特殊注意：

a）根据第 8 条第（3）款（i）项和第 10 条第（1）款提供的临床详细资料必须能够就药品是否满足授予上市许可标准给出理由充分且科学有效的意见。因此，一个基本要求是对所有临床试验结果（无论有利或不利）都要进行沟通。

b）在进行临床试验之前，应根据本附件模块 4 的要求在动物身上进行充分的药理和毒理检测。研究人员必须充分了解药理和毒理研究结论，因此申请人必须向其提供研究人员手册。手册中应包含临床试验开始前所有已知的相关信息，包括动物体内及早期

临床试验结果的化学、制药、生物数据、毒性、药代动力和药效
数据，通过这些数据充分证明所建议试验的属性、规模及持续时
间的合理性；应按要求提供完整的药理毒理报告。对于取自人体
或动物的材料，在实验开始前应采取一切可用手段确保安全，以
免传染性病原体传播。

c）上市许可持有人除了准备临床对象的医疗档案外还需准备必
要的临床试验相关资料，并交由资料持有人保存：

●试验完成或终止后至少 15 年。

●或欧洲共同体最近授予上市许可后至少 2 年，同时在欧洲共同
体内没有待定或计划的申请。

●或试验用药品临床研发正式终止 2 年后。

临床研究对象的医疗档案应依照适用法律进行保存，并应参照医
院、相关机构或私人诊所允许的最长时限。

然而，若适用法规要求或与发起者协商后，可延长相关文件的存
档时间。

上述文件不再需要继续存档时，发起者有责任通知医院、相关机
构或私人诊所。

对于获得上市许可的产品，发起者或其他数据持有人应保存其他
所有相关文件。这些文件包括：包含试验原理、目的、数据设计
和方法论在内的方案，方案实施和管理的条件以及试验用药品的

具体说明、所用的参比药品及（或）安慰剂；标准操作程序；对于试验方案或程序的所有书面意见；研究人员手册；每个试验对象的病例报告表；最终报告；审计报告（如有）。在药品许可到期后的 5 年内，发起者或后续持有人应保存最终报告。

此外，对于在欧洲共同体范围内进行的试验，上市许可持有人可依照第 2001/20 号 (EC) 指令的相关规定和实施细则对文件存档进行任何其他安排。

任何数据持有权的改变均应进行备案。

若相关部门要求，则应提供所有数据和文档。

d）每项临床试验的详细资料必须包含详尽的细节说明，以便对其做出客观评价：

●方案，包括试验原理、目的、数据设计、方法论、试验实施和管理的条件以及试验用药品的具体说明。

●审计报告（如有）。

●研究人员名单，每个研究人员应提供其姓名、地址、任命、资质、临床职责、试验所在州，并整合每位患者的信息（包括每个试验对象的病例报告表）。

● 研究人员签署的最终报告，以及所有研究人员或协调（主导）调研人员签署的最终报告（对于多中心临床试验）。

e）上述临床试验的详细资料应转交给主管部门。然而，与主管部门协商后，申请人可以忽略此信息。根据要求，应立即提供完整的文件。

研究人员应在其试验证据结论中就正常使用下的产品安全性、耐受性、有效性、适应证和禁忌证、剂量、平均治疗时间、治疗时的特别预防措施以及过量使用的临床症状表明其观点。在汇报多中心研究结果时，主研究人员应在结论中代表所有参与中心就所研究药品的安全性和有效性表明观点。

f）对于每个试验，临床观察应包括：

1）治疗对象的数量和性别。

2）参与调研的患者群体选择和年龄分布以及对比试验。

3）提前退出试验的患者数量及其退出原因。

4）若在上述条件下进行对照试验，试验对照组是否。

● 未接受过治疗
● 接受过安慰剂治疗
● 接受过已知药效的其他药品
● 接受过药物治疗以外的其他疗法

5）观察到不良反应的发生频率。

6）高风险患者群体的相关细节，例如：老年人、儿童、孕期或生理期女性或处于需要特别关注的生理或病理状态人员。

7）效力参数或评估标准以及这些参数的结果。

8）对于结果的数据评估（若试验设计需要且涉及可变因素）。

g）另外，研究人员应始终就如下方面说明其观察结果：

1）患者对药品的习惯、依赖等任何迹象。

2）观察到的与共同给药的其他药品发生的任何反应。

3）将某些患者排除在试验范围之外的衡量标准。

4）试验期间或试验后追踪期间发生的任何死亡。

h）药用物质新复方的细节说明必须同新药所要求的一致，且必须确保该复方的安全性和有效性。

i）遗漏整体或部分信息时必须做出合理解释。若在试验过程中发生意外情况，应进一步进行临床前毒理和药理检测并进行审核。

j）若该药品需长期给药，应就重复给药后药理作用变化以及确定长期剂量做详细说明。

5.2.1 生物制药研究报告

应提供生物可用性研究报告、生物可用性和生物等效性比对研究报告、体外和体内研究报告、生物分析以及分析方法研究报告。
此外,如需证明第 10 条第（1）款（a）项提及药品的生物等效性,
应进行生物可用性评估。

5.2.2 使用人体生物材料的药代动力学研究报告

出于本附件目的考虑，人体生物材料应指从人体获取的任何蛋白
质、细胞、组织及相关材料，这些生物材料用于体内或体外评估
药用物质药代动力学属性。

就此而言，应提供血浆蛋白结合研究报告、肝代谢与活性物质互
动研究报告以及其他人体生物材料研究报告。

5.2.3. 人体药代动力学研究报告

a）应描述以下药代动力学特征：

● 吸收（速率和程度）
● 分布
● 新陈代谢
● 排泄

对于给药方案动力学数据规定（尤其对于高危患者）等临床重要
特征，以及临床前研究中人类和动物之间的差异应进行描述。

除了标准的多重抽样药代动力学研究之外，在临床研究中，有关
内在和外在因素对"剂量—药代动力学"反应关系变异性的作用
等问题，也可以基于稀疏采样的群体药代动力学分析予以解决。

健康对象和患者药代动力及初始耐药性研究报告、评估内在和外在因素影响的药代动力学研究报告以及群体药代动力学研究报告应予以提供。

b）若该药品通常需与其他药品一同给药，则应提供联合给药测试的详细资料，说明可能发生的药理作用变化。

对于活性物质同其他药品或物质之间的药代动力作用应予以调查研究。

5.2.4. 人体药效动力学研究报告

a）与药品效力相关的药效动力学作用应予以证明，包括：

● 其剂量反应关系及时间进程。
● 所用剂量理由及给药条件。
● 作用模式（若适用）。

与药品有效性不相关的药效动力学作用应予以描述。

人体内的药效动力学效果本身并不足以证明任何特定潜在疗效的结论。

b）若该药品通常需与其他药品一同给药，则应提供联合给药测试的详细资料，说明可能发生的药理作用变化。

对于活性物质同其他药品或物质之间的药效动力学作用应予以调查研究。

5.2.5. 药品有效性和安全性研究报告

5.2.5.1. 与所声称的适应证相关的对照临床研究报告

一般而言，临床试验应按照"对照临床试验"的方式（若适用）随机进行，并视情况同安慰剂和已证实具有治疗价值的药品进行对照；任何其他试验设计应有合理理由。对照组的治疗应根据实际情况有所差异，而且也取决于道德因素和治疗领域；因此，在某些情况下，将新药同证实具有治疗价值的药品对照药效比与安慰剂对照更有意义。

（1）应尽可能采取措施（包括随机方法和盲法）避免偏差，特别是对药效无法客观测量的试验来说。

（2）试验方案必须详实描述所用数据统计方法、参与患者数量及其原因（包括试验效力计算）、重要性水平，并说明统计单位。为避免出现偏差所采用的措施（尤其是随机性方法）应予以存档。试验中包含大量试验对象并不意味着可以替代适当的对照试验。

鉴于欧盟委员会出版的相关指南，应对安全数据进行审查，尤其对引起剂量变化或需要合并用药的事件、严重不良反应事件、导致退出试验事件以及死亡等事件需要特别注意。任何风险较高的患者或患者群体应予以鉴别。同时，对于可能少量存在的潜在易损患者（如儿童、孕妇、高龄孱弱老人以及带有显著新陈代谢异常或分泌异常的人群）应予以特殊注意。对于可能使用的药品，应对其安全性评估进行描述。

5.2.5.2. 对多项研究和其他临床研究报告进行数据分析的非对照临

床研究报告

上述报告应予以提供。

5.2.6. 上市后安全报告

若药品已在第三国获得许可，应就相关药品和包含相同活性物质的其他药品不良反应提供相关信息。如果可能，相关药品使用率信息也应提供。

5.2.7. 病例报告表和个人患者清单

据欧洲药品管理局出版的相关指南提交病例报告表和个人患者数据清单时，应按照临床研究报告和研究索引的顺序提供和呈递。

第二部分 特殊的上市许可申请资料及要求

若一些药品呈现出特定特征，需要对本附件第 1 部分规定的上市许可申请资料的全部要求进行重新调整，则申请人应考虑上述特殊情况，呈递调整后的正确资料。

1. 既定医药用途

对于活性物质具有第 10 条第 (1) 款 (a) 项 (ii) 点所述既定医药用途并且其有效性和安全性被认可和接受的药品，适用于以下规则：申请人应按本附件第 1 部分的描述提交模块 1、模块 2 和模块 3 的相关材料。

对于模块 4 和模块 5，应提供有关非临床和临床特征的详细科学文献。

为了更好地说明既定医药用途这一概念，如下规则应予以适用：

a）确定药品成分既定医药用途时必须考虑如下几个因素：

● 该物质的使用时间。

● 该物质的使用数量。

● 对使用该物质的科学兴趣程度（体现在已出版的科学文献中）。

● 科学评价的一致性。

因此，确定不同物质医药用途所需的时间不尽相同。但是，在任何情况下，在欧洲共同体范围内，从该物质首次作为药品系统应用且存档时算起，确定药品成分既定医药用途所需时间不可少于十年。

b）申请人提交的文件应涵盖安全性和（或）有效性的全面评估，且需包含或涉及相关文献综述。文献综述应参照上市前后相关研究，以及在流行病学研究，尤其是比较流行病学研究方面发表出版的科学文献。所有文档信息，无论有利与否，都应进行沟通交流。关于"既定医药用途"的相关规定，如果申请资料能够很好地解释并支持上述信息来源的使用，则特别需要阐明其他证据"参考文献"（上市后研究、流行病学研究等等），而不仅仅是试验和实验相关数据可以作为产品安全性和有效性的有效证明。

c）对于任何缺失信息应予以特别注意，并且给出理由证明在某些研究缺失的情况下产品仍然具有可接受的安全性和（或）有效性。

d）非临床和 / 或临床综述必须对提交的、不用于上市的产品数据相关性做出解释。必须判断所研究产品是否可以视为与提交上市许可申请的产品相似（尽管有所不同）。

e）包含相同成分的其他产品上市经验十分重要，申请人应对此特殊强调。

2. 基本相似药品

a）依据第 10 条第 (1) 款 (a) 项 (i) 点（基本相似产品）提交的申请，若原上市许可持有人同意申请人共同使用模块 4 和模块 5 的内容，则该申请应包含本附件第 1 部分模块 1、模块 2 和模块 3 中描述的数据。

b）依据第 10 条第 (1) 款 (a) 项 (iii) 点（基本相似产品，即通用名药）提交的申请应包含本附件第 1 部分模块 1、模块 2 和模块 3 中描述的数据。若原药品不是生物制品（见第 2 部分标题 4 ——基本相似生物制品），则应包含证明其生物有效性及与原药品具有生物等效性的数据。对于上述产品，非临床 / 临床概述 / 总结尤其应关注以下因素：

● 基本相似性的划分根据。

● 在活性物质与意图上市的成品药中（若在储存过程中出现相关分解产品）成批出现的杂质摘要信息，以及对这些杂质的评估。

● 生物等效性研究评估或未依照"生物有效性和生物等效性调查研究"指南进行研究的理由。

● 已出版的关于该物质的文献及其当前应用更新。为此,可对"同
行评议"类期刊中的文章进行注释。

● 对于产品特性总结中并非出自或由药品本身特性和（或）其治
疗组推断出的各项声明,应在非临床 / 临床概述 / 总结中进行讨论,
并通过出版的文献和（或）其他研究进行证实。

● 如适用，对于不同盐分、酯类或已获上市许可的活性物质衍生
物，为证明其安全性和有效性的等效性，在声称基本相似时申请
人应提供附加数据。

3. 特殊情况下所需的附加数据

如果基本相似药品的活性物质同原始上市产品含有同样的治疗部
分（盐分 / 复合酯 / 衍生物不同），则应证明该部分的药代动力学、
药效学和（或）药物毒性（可改变其安全性或有效性）并未发生
改变。否则，这种组合应被视作一种新的活性物质。

若药品打算应用于不同的治疗用途或以不同的剂型呈现、以不同
的方式给药、有不同的剂量或应用不同的剂量，则应提供正确的
毒理检测、药理检测和（或）临床试验结果。

4. 基本相似生物制品

第 10 条第 (1) 款第 (a) 项 (iii) 点相关规定对于生物制品来说可能不够
充分。若基本相似药品（通用名药）所需信息不允许证明两种生
物制品的相似属性，则需要提供附加信息，尤其是其毒性和临床
表现。

对于本附件第 1 部分第 3.2 款规定的生物制品（指在欧洲共同体

范围内获得上市许可的初始药品），如果独立申请人在数据保护期满之后递交了上市许可申请，则适用如下步骤。

● 应提交的信息不只限于模块 1、模块 2 和模块 3（制药、化学和生物数据），应以生物等效性和生物有效性数据作为补充。附加数据的种类和数量（即毒性、其他非临床以及适当临床数据）应根据科学指导并基于具体情况做出决定。

● 由于生物制品具有多样性，模块 4 和模块 5 中所预见的鉴定研究之需求应由主管部门结合每种药品的特性提出。

结合欧洲药品管理局发布的相关生物医药产品的特点，指南中应指明一般适用原则。若最初获得上市许可的药品有多个适应证，则需要证明声称相似药品的有效性和安全性，或者在必要情况下，对其声称的每个适应证进行单独证明。

5. 固定复方药品

依据第 10 条第 (1) 款 (b) 项提交申请的新药，应至少由两种活性物质（之前并未作为固定复方制剂获得上市许可）构成。对于上述申请，应提供药品固定复方的全部资料（模块 1 到 5）。在适用情况下，应提供关于制造地点、外源性因素和安全性评估等信息。

6. 特殊情况下的申请文件

如第 22 条所述，若申请人不能就药品正常使用条件下的有效性和安全性提供综合数据，并能证明出现此情况是由于如下原因：

● 存有疑义的药品的适应证比较罕见，申请人很难据理提供综合证据。

●在现有科学知识水平状态下，无法提供综合信息。

●搜集此类信息与普遍接受的医学伦理原则相违背。

则在服从某些特定义务的情况下可以授予上市许可。

上述义务包含如下内容：

●申请人应在主管部门指定的时间内完成研究鉴定程序，其结果
将会成为风险—收益预测评估的基础。

●存有疑义的药品仅在有医疗处方时才可提供，应在特定情况下
用药并需要有严格医务监督（可在医院进行），如若是放射性药品，
须由经许可的人员进行监督。

●医师应注意包装说明书以及任何药品有关信息，事实上关于审
议中的药品细节说明在某些指定方面到目前为止尚不够充分。

7. 混合上市许可申请

混合上市许可申请指的是上市许可申请的全部资料，其中模块 4
和（或）模块 5 由申请人进行的限定非临床和（或）临床研究报
告与参考文献共同组成。所有其他模块的结构应与本附件第一部
分中的描述一致。主管部门应接受申请人依据其具体情况递交的
建议格式。

第三部分　特殊药品

该部分指定了与已鉴定药品的性质相关的特殊要求。

1. 生物制品

1.1 血液制品

对于源自人体血液或血浆且不符合模块 3 条款规定的药品，则"起始原料和原材料相关信息"中有关"由人体血液／血浆构成的起始原料"部分提及的资料要求可由与本部分规定一致的血浆主文件所替代。

a）原则

出于本附件目的要求：

● 血浆主文件指的是与上市许可资料不相关联的独立文件，该文件提供了完整人体血浆相关特性的细节信息，此类人体血浆用作制造生产子／中间成分、辅料和活性物质构成成分的起始原料和（或）原材料。此前，欧洲议会和理事会于 2000 年 11 月 16 日发布的第 2000/70 号 (EC) 指令，阐明辅料和活性物质为药品或医疗器械的一部分，并对理事会第 93/42 号 (EC) 指令就医疗器械与人体血液或血浆的稳定衍生物相结合的相关规定做出修订。

● 每个人体血浆分馏／加工中心或机构应准备或持续更新血浆主文件中提及的一组相关细节信息。

● 上市许可申请人或上市许可持有人应向管理局或主管部门提交血浆主文件。若上市许可申请人或上市许可持有人与血浆主文件的持有人不同，则上市许可申请人或持有人应获得该文件的使用权并提交给主管部门。无论如何，上市许可申请人或持有人应对药品承担相应责任。

●对上市许可进行评估的主管部门应在对申请做出决定之前等候
管理局颁发该证书。

●任何涉及人体血浆提取成分的上市许可资料均应参照与用作起
始 / 原材料的血浆对应的血浆主文件。

b）内容

根据第 109 条的规定（经第 2002/98 号 (EC) 指令修订，涉及捐赠
者要求和捐赠检测相关内容），血浆主文件应包含用作起始 / 原材
料的血浆相关信息，尤其应包括 :

（1）血浆源

i）血液 / 血浆采集中心或机构相关信息，包括检查和审批状态以
及血液传染病的流行病学数据。

ii）进行捐赠和血浆库检测中心或设施的相关信息，包括检查和
审批状态。

iii）血液 / 血浆捐赠者的选择 / 排除标准。

iv）现行系统使得每种捐赠途径都能够从血液 / 血浆采集机构追
溯到成品，反之亦然。

（2）血浆质量和安全性

ⅰ）遵从欧洲药典专论。

ⅱ）检测血液 / 血浆捐赠和血浆库是否有致病源，包括检测方法相关信息，以及血浆库检测所使用的验证数据。

ⅲ）血液和血浆采集袋的技术特征，包括所用抗血凝剂的相关信息。

ⅳ）血浆储存和运输条件。

ⅴ）任何库存冻结和 / 或留验期所采用的程序。

ⅵ）血浆库特性描述。

（3）一方为血浆源药品生产者和（或）血浆提取者（加工者），另一方为血液（血浆）采集检测中心或机构，两方之间的现行体系限定了双方的互动条件以及约定规范。

此外，不管药品是否被授予上市许可或正处于被授予此类许可的过程中（包括欧洲议会和欧盟理事会关于人用药品临床试验管理规范实施的第 2001/20 号 (EC) 指令第 2 条提及的药品），血浆主文件中都应提供证明其有效性的药品目录。

c）评估和认证

●对于尚未获得上市许可的药品，上市许可申请人应向主管部门提交完整的资料，并在申请资料中附带一份独立且之前未提供的血浆主文件。

● 血浆主文件由欧洲药品管理局进行科学和技术评估。积极的评估应产生一份符合欧洲共同体血浆主文件立法且附带评估报告的证书。签发的证书应适用于整个欧洲共同体。

● 每年应对血浆主文件进行更新和重新认证。

● 随之对血浆主文件中条款的变更必须遵循欧盟委员会第 542/95 号（EC）法规制定的评估程序，该指令涉及在欧盟理事会于 1993 年 7 月 22 日制定的第 2309/93 号（EC）法规范围内进行上市许可条款变更的审查。欧盟理事会第 2309/93 号法规为人用和兽用药品的许可与监督制定共同体程序，并设立了欧洲药品评价局。第 1085/2003 号（EC）法规规定了这些变更的评估条件。

● 作为第 1、2、3、4 项中规定的第二步，将授予或已授予上市许可的主管部门应考虑所涉及药品的血浆主文件的认证、重新认证或变更。

● 与当前部分第 2 项（评估和认证）中的条款不相符的是，如果血浆主文件仅对应血液（血浆）衍生的药品，且此药品的上市许可仅限于一个成员国，则上述血浆主文件的科学和技术评估应由该成员国的国家主管部门实施。

1.2 疫苗

对于不符合模块 3 中"活性物质"相关规定的人用疫苗，基于疫苗抗原主文件系统使用的如下需求应适用：

除了人类流感疫苗之外，疫苗上市许可申请资料中每个作为疫苗活性物质的疫苗抗原均应包括一份疫苗抗原主文件。

a）原则

出于本附件目的要求：

● 疫苗抗原主文件指的是疫苗上市许可申请资料的独立部分，其包含作为该药品一部分的每个活性物质的所有生物、药物以及化学性质相关信息。对于同一申请人或上市许可持有人呈递的一个或多个单一和（或）联合疫苗，该独立部分可通用。

● 疫苗可包含一个或几个不同的疫苗抗原。疫苗中出现的活性物质应与疫苗抗原数量相同。

● 联合疫苗至少包含对抗一种或多种感染性疾病的两个不同疫苗抗原。

● 单一疫苗包含对抗一种感染性疾病的单个疫苗抗原。

b）内容

疫苗抗原主文件应包含摘录自本附件第 1 部分模块 3 阐述的相关部分（活性物质）的以下信息：

活性物质：

1. 基本信息，包括遵从欧洲药典相关专著的信息。

2. 与活性物质生产相关的信息：此类目需涵盖生产过程、起始原料和（或）原材料相关信息、试验辅助设备具体措施、外源性因素安全评估以及相关设施设备。

3. 活性物质特性描述。

4. 活性物质质量控制。

5. 参考标准和参考资料。

6. 活性物质的包装和封闭系统。

7. 活性物质的稳定性。

c）评估及认证

●对于新疫苗（包含新型疫苗抗原的），如果单个疫苗抗原没有主文件，则申请人应向主管部门提交一份完整的上市许可申请资料——包括与新型疫苗中每个疫苗抗原相关的所有疫苗抗原主文件。管理局应对每一个疫苗抗原主文件进行科学和技术评估。积极的评估应产生一份符合欧洲共同体对每一个疫苗抗原主文件的立法且附带评估报告的证书。签发的证书应适用于整个欧洲共同体。

●第 1 项条款也应适用于每一种由新式疫苗抗原组合构成的疫苗（无论这些疫苗抗原是否是欧洲共同体已批准疫苗的一部分）。

●欧洲共同体已批准疫苗的疫苗抗原主文件内容的变更应由管理

局依照欧盟委员会第 1085/2003 号（EC）法规规定的程序进行科学和技术评估。在积极评估的情况下，管理局应签发一份符合欧洲共同体疫苗抗原主文件立法的证书。签发的证书应适用于整个欧洲共同体。

● 与当前部分第 1、2、3 项（评估和认证）中的条款不相符的是，如果疫苗抗原主文件仅对应一种疫苗，且这种疫苗是依照欧洲共同体程序未被或不会被批准的上市许可的主体，同时假设已批准的疫苗包括尚未通过欧洲共同体程序评估的疫苗抗原，则应由已授予上市许可的国家主管部门对上述疫苗抗原主文件和其随后的变更进行科学和技术评估。

● 作为第 1、2、3、4 项中条款的第二步，将授予或已授予上市许可的主管部门应考虑所涉及药品的疫苗抗原主文件的认证、重新认证或变更。

2. 放射性药物和前体

2.1 放射性药物

就本章目的而言，根据第 6 条第（2）款及第 9 条的申请应提供一份完整的资料，其中应包括如下具体细节：

模块 3

a）对于在制造商供应后贴有放射性标志的放射性药物试剂盒，活性物质被认为是此试剂的一部分，后者旨在携带或绑定放射性核素。放射性药物试剂盒的制造方法描述应包括试剂盒的制造细节和推荐的最终加工生产放射性药品的细节。放射性核素所需规范应按照欧洲药典的相关一般专著或特定专著进行描述。此外，应对作为放射性标记基本组成部分的任何化合物进行描述，也应描述放射性标记化合物的结构。

对于放射性核素，应讨论所涉及的核反应。

在发生器中，母体和子体放射性核素都应被视为活性物质。

b）应提供放射性核素的性质、同位素特征、可能的杂质、载体、使用和具体活动等细节。

c）起始材料包括辐照靶材料。

d）应提供化学／放射化学纯度和其生物分布关系的注意事项。

e）应描述放射性核素的纯度、放射化学纯度和比活度。

f）对于发生器，需要母体和子体核素有关检测的详细信息。对于发生器洗出液，应提供母体放射性核素和发生器体系其他成分的检测信息。

g）从活性物质的质量角度来表达活性物质含量的要求应仅适用于放射性药物试剂盒。对于放射性核素来说，应在给定日期（如有必要，则也给定带时区参考的时间）以贝克勒尔形式表达放射现象；应注明辐射类型。

h）成品试剂盒的规范应包括对贴有放射性标记后的产品进行的

性能测试；应包括对放射性标记化合物的放射化学和放射核素纯度的适当控制；应识别和检测任何放射性标记所需的材料。

i）应为放射性核素发生器、放射性核素试剂盒和放射性标记产品提供稳定性相关信息；应记录使用多剂量瓶中放射性药物时的稳定性。

模块 4

人们已经意识到毒性可能与辐射剂量有关。在诊断中，这是使用放射性药物的结果；在治疗中，这是所需的属性。因此，放射性药物的安全性和有效性评估应满足药品和辐射剂量方面的要求。暴露于辐射中的器官 / 组织应予以记录。应依照特定给药途径指定的、国际认可的体系计算吸收辐射剂量估算。

模块 5

在适用的情况下，应提供临床试验的结果，否则以临床研究概况予以证明。

2.2 用于放射性标记的放射性药物前体

在放射性药物前体仅用于放射性标记的特定情况下，主要目标应是提交解决可能出现放射性标记效率低下或放射性标记共轭体体内分离的相关信息，即有关患者使用非放射性核素产生的影响问题。此外，也需要提交有关职业危害的相关信息，即医务人员和环境受到的辐射。

特别是，应在适用时提供以下信息：

模块 3

适用时，模块 3 的条款应适用于如上所述 a~i 项放射性药物前体的注册。

模块 4

关于单剂量和重复剂量毒性，除非已经过证明，否则应提供按照相关条款执行研究的结果，这些条款与欧盟理事会第 87/18、88/320 号 (EEC) 指令制订的药品非临床研究质量管理规范相关。

在这种特殊的情况下，对放射性核素的致突发性研究被认为是无用的。

应提交相关"冷"核素化学毒性和处置的信息。

模块 5

前体自身的临床研究信息被认为与特定情况下仅用于放射性标记的放射性药物前体无关。
然而，当与相关载体分子有关时，应提交证明放射性药物前体临床应用的信息。

3. 顺势疗法药品

本节规定了模块 3 和模块 4 中应用于第 1 条第（5）款所定义的

顺势疗法药品的具体条款。

模块 3

模块 3 的条款应适用于依照第 15 条关于第 14 条第（1）款提及的顺势疗法药品简化注册提交的文件，以及第 16 条第（1）款提及的其他顺势疗法药品的许可文件，并做了以下修改。

a）术语

上市许可申请资料中描述的顺势疗法原料的拉丁名必须按照欧洲药典的拉丁文名称，或在无此规定的情况下，由成员国的官方药典规定。如有关联，应提供每个成员国中使用的相关传统名称。

b）起始原料的控制

随申请提供的起始原料的细节和文件应补充关于顺势疗法原料的额外数据，这些原料涉及所有使用的原料，包括直到最终稀释溶入成品药品的原始材料和中间材料。

一般质量要求应适用于所有的起始原料和原材料，以及直到最终稀释融入成品药品的制造过程中间步骤。在可能的情况下，如果存在有毒成分以及如果因为高稀释度而不能控制要融入成品药品的最终稀释的质量，则需要执行测定。必须充分描述从起始原料到最终稀释融入成品药品的制造过程的每一步。如果涉及稀释，这些稀释步骤的执行应按照欧洲药典的相关专著中规定的顺势疗法制造方法进行，或在无此规定的情况下，由成员国的官方药典规定。

c）成品药品的控制测试

一般质量要求应适用于顺势疗法的成品药品，任何例外情况需要
由申请人进行适当证明。

应对所有相关毒性成分进行鉴别和测定。如果可以证明不可能对
所有相关毒性成分进行鉴别和测定，例如由于成品药品的稀释，
药品质量应通过对制造和稀释过程的彻底确认来证明。

d）稳定性测试

必须证明成品药品的稳定性。顺势疗法原料的稳定性数据通常可
转移到由此获得的稀释/研碎中。如果由于稀释程度而不可能鉴
别和测定活性物质，则可以考虑药物剂型的稳定性数据。

模块 4

模块 4 的条款应适用于第 14 条第（1）款提及的顺势疗法药品的
简化注册程序，具体规范如下：

任何缺失的信息必须是合理的。例如，尽管缺乏某些研究，但必
须给出可以支持药品安全性在可接受水平的正当依据。

4. 草药药品

草药药品的申请应提供一份完整的资料，其中应包括以下具体
细节：

模块 3

模块 3 的条款（包括符合欧洲药典的专著）应适用于草药药品的许可。提出申请的同时应考虑科学知识的状况。

应考虑草药药品的以下几个特定方面：

（1）草本物质和草药制剂

如欧洲药典所规定：就本附件而言，术语"草本物质和制剂"应被视为等同于术语"草药和草药制剂"。

关于草本物质的命名，应提供植物的二项式学名（属、种类、品种和作者）和化学型（如适用）、植物的部位、草本物质的定义、其他名称（其他药典中提到的同义词）和实验室代码。

关于草药制剂的命名，应提供植物的二项式学名（属、种类、品种和作者）和化学型（如适用）、植物的部位、草药制剂的定义、草本物质与草药制剂的比例、提取溶剂、其他名称（其他药典中提到的同义词）和实验室代码。

为记录适用的草本物质和草药制剂（如适用）的结构部分，应提供物理形态、已知治疗活性或标记物的成分描述（分子式、相对分子质量、结构式，包括相对与绝对立体化学、分子式和相对分子质量）以及其他成分。

为记录草本物质制造商这一部分，在适当情况下应提供姓名、地址和每个供应商的职责，包括承包商、参与生产 / 收集的每一个建议场所或设施，以及草本物质的检测。

为记录草药制剂制造商这一部分，在适当情况下应提供姓名、地址和每个制造商的责任，包括承包商、参与制造的每一个建议的生产地点或设施和草药制剂的检测。

关于草本物质的制造过程和过程控制的描述，应提供信息以充分描述植物生产与采集，包括药用植物的地域来源及栽培、收获、干燥和储存条件。

关于草药制剂的制造过程和过程控制的描述，应提供信息以充分描述草药制剂的制造过程，包括处理、溶剂和试剂、净化阶段和标准化描述。

关于制造过程的研发，适当情况下应提供简要综述，描述草本物质和草药制剂的研发，并考虑建议的给药途径和用药方式。对于在适当情况下支持书目数据中使用的草本物质及草药制剂的植物化学成分，以及在所适用的草药药品中作为活性物质包含的草本物质和操作制剂，应在适当时讨论两者的比较结果。

关于草本物质的结构和其他特性的解析，如有必要的话，应提供植物学特性、宏观特性、微观特性、植物化学特性和生物活性信息。关于草药制剂的结构和其他特性的解析，如有必要的话，应提供植物及理化特性和生物活性信息。

应提供草本物质和草药制剂的适用规范。

应提供用于检测草本物质和草药制剂的适用分析程序。

关于分析程序的验证，应提供适用的分析验证信息，包括用于检测草本物质和草药制剂的分析程序的实验数据。

关于批检验，应提供草本物质和草药制剂（包括药典物质）的适用批次描述和批检验结果。

应提供草本物质和草药制剂的适用规范证明。

应提供用于检测草本物质和草药制剂的适用参考标准或参考资料信息。

如果草本物质或草药制剂是一本专著的主题，则申请人可以申请由欧洲药品质量管理局授予的适用性证书。

（2）草药药品

关于配方研制，应提供描述草药药品研制的简要综述并考虑建议的给药途径和用药方式。对于支持数目数据中所使用产品的植物化学成本以及适用的草药药品，应在适当情况下讨论两者的比较结果。

5. 罕见药

● 至于第 141/2000 号（EC）法规中给出的罕见药含义，可应用第 II-6 部分的一般条款（特殊情况下）。申请人应以非临床和临床综述的方式证明不可能提供完整信息的理由，并应提供所涉及罕见药的风险—收益平衡的正当理由。

●当罕见药上市许可申请人援引第10条第(1)款(a)项(ii)点和本
附件第 II-1 部分（既定医药用途）中的条款时，作为一种豁免方
式，对相关物质"成系统地记录使用"可以指根据本指令第5条
的规定使用该物质。

第四部分　前沿治疗药品

1. 引言

如第 1394/2007 号（EC）法规第 2 条第（1）款（a）点所定义，
前沿治疗药品的上市许可申请应遵循本附件第一部分所述的格式
要求（模块 1、2、3、4、5）。

如本附件第一部分所述，生物制品的模块 3、4、5 的技术要求应
适用。本部分第 3、4、5 节所述的前沿治疗药品的具体要求诠释
了第一部分的要求如何适用于前沿治疗药品。此外，在适当的情
况下并考虑到前沿治疗药品的特殊性，设置了额外的要求。

由于前沿治疗药品的特性，依照第 4 点"引言和总则"中提及的
有关药品质量、安全性和有效性的科学指南，可能会应用一种以
风险为基础的方法确定上市许可申请中包括的质量范围、非临床
和临床数据。

风险分析可能覆盖整个研发过程，可能考虑的风险因素包括：细
胞（自体、异体、异种）的起源、增殖和（或）分化的能力和启
动免疫应答的能力、细胞操作水平、具有生物活性分子或结构材
料的细胞的结合、基因治疗药品的性质、病毒或体内微生物的复
制能力范围、核酸序列或基因整合到基因组中的水平、长时间功

能性、致瘤的风险性以及给药或用药的模式。

风险分析也会考虑有关可用的非临床和临床数据或其他相关前沿治疗药品的经验。

任何偏离本附件要求的情况应在申请材料的模块 2 中予以科学证明。在适用时，上述风险分析也应包括在模块 2 中并予以描述。在这种情况下，应讨论遵循的方法、已识别风险的性质、研发和评估方案的基于风险方法所带来的影响，并描述风险分析所导致的任何偏离本附件要求的情况。

2. 定义

就本附件目的而言,除了第 1394/2007 号（EC）法规规定的定义外,应适用第 2.1 节和第 2.2 节达成的定义。

2.1 基因治疗药品

基因治疗药品指具有下列特性的生物制品：

a）它包含一种活性物质，该物质含有人类可使用或注射的重组核酸，目的在于调整、修复、更换、添加或删除一个基因序列。

b）其治疗、预防或诊断的效果直接关系到它包含的重组核酸序列或该序列的基因表达产物。

基因治疗药品不应包括抗感染性疾病的疫苗。

2.2 体细胞治疗药品

体细胞治疗药品指具有下列特性的生物制品：

a）包含或含有经过实质性处理的细胞或组织，从而预期临床使用
相关的生物学特性、生理功能、结构特性已发生变化；或者包含
或含有未打算在受体和共体中用于相同基本功能的细胞或组织。

b）展示可供人类使用或注射的特性，目的在于通过细胞或组织
的药理、免疫或代谢作用治疗、预防或诊断疾病。

就（a）点目的而言，附件 I 到第 1394/2007 号（EC）法规所列
的操作特别不应视为实质性操作。

3. 关于模块 3 的具体要求

3.1 所有前沿治疗药品的具体要求

应提供上市许可持有人拟建立和维护的可追溯系统的描述，可追
溯系统的目的在于确保个别药品及其起始和原材料，包括所有与
其可能包含的细胞或组织相联系的物质，可追溯到采购、制造、
包装、储存、运输和运送到使用此药品的医院、机构或私人企业。
可追溯系统应与欧洲议会和欧盟理事会颁布的第 2004/23 号 (EC)
指令（关于血细胞以外的人类细胞和组织）以及第 2002/98 号 (EC)
指令（关于人类血细胞）的要求相辅相成并兼容。

3.2 基因治疗药品的具体要求

3.2.1 引言：成品、活性物质和起始原料

3.2.1.1 含有重组核酸序列或转基因微生物或病毒的基因治疗药品

成品药应由在直接接触药品的医用容器中配制的核酸序列、转基因微生物或病毒构成。成品药可与医疗器械或有源植入性医疗器械相结合。

活性物质应包含核酸序列或转基因微生物或病毒。

3.2.1.2 含转基因细胞的基因治疗药品

成品药应由在直接接触药品的医用容器中配制的转基因细胞构成。成品药可与医疗器械或有源植入性医疗器械相结合。

活性物质应包含上述第 3.2.1.1 节描述的药品之一的基因修饰细胞。

3.2.1.3 在药品是由病毒或病毒载体组成的情况下，起始原料应是获得病毒载体的组成部分，即主病毒载体种子或者用于转染包装细胞和包装细胞系主细胞库的质粒。

3.2.1.4 对于含有质粒、除病毒或病毒载体以外的非病毒载体和转基因微生物的药品，起始原料应是用于产生生成细胞的成分，即质粒、宿主菌和重组微生物细胞的主细胞库。

3.2.1.5 对于转基因细胞，起始原料应是用于获得转基因细胞的成分，即产生载体、人或动物细胞的起始原料。之前产生载体的细

胞库系统药品生产质量管理规范的原则应适用。

3.2.2 具体要求

除了本附件第 1 部分的第 3.2.1 和 3.2.2 节规定的要求之外，应适用下列要求：

a）应提供用于制造活性物质的所有起始原料的信息，包括人或动物细胞进行转基因所需的药品以及转基因细胞的后续培养与保存（适用时），并考虑到可能的净化步骤缺失。

b）对于含有微生物或病毒的药品，应提供关于转基因、序列分析、减毒作用、特定组织和细胞类型的亲和性、微生物或病毒的细胞周期依赖性、亲本菌株的致病性及特性的数据。

c）应在资料的相关小节中描述与加工过程相关的杂质和与药品相关的杂质，特别是复制型病毒污染物（如果载体被设计为不能复制）。

d）对于质粒，应在整个产品的保质期内进行不同质粒形式的量化。

e）对于转基因细胞，应检测转基因前后以及任何后续冷冻 / 储存过程前后的细胞特征。

对于转基因细胞，除基因治疗药品的具体要求之外，应适用体细胞治疗药品和组织工程药品（参见 3.3 节）的质量要求。

3.3 体细胞治疗药品和组织工程药品的具体要求

3.3.1 引言：成品、活性物质和起始原料

成品药应由在直接接触药品的医用容器中配制的活性物质构成，该活性物质应是用于复合式前沿治疗药品的最终组合形式。

活性物质应由工程细胞和（或）组织构成。

与经过处理的细胞相结合从而形成完整部分的其他物质（如支架、母体、设备、生物材料、生物分子和（或）其他成分），即使不是生物制剂，也应视为起始原料。

活性物质（如培养基、生长因子）制造过程中使用的材料和原计划未用于形成活性物质组成部分的材料均应被视为原材料。

3.3.2 具体要求

除了本附件第 1 部分的第 3.2.1 和 3.2.2 节规定的要求之外，应适用下列要求：

3.3.2.1 起始原料

a）应提供对用作起始原料的人体组织和细胞进行捐赠、采购和检测（依照第 2004/23 号 (EC) 指令）的摘要信息。如果将非健康细胞或组织（如癌组织）用作起始原料，其使用的合理性应得到证明。

b）如果汇集了同种异体细胞群，应描述确保可追溯性的汇集策略和措施。

c）通过人体或动物组织和细胞引入的潜在变异应作为验证制造过程、活性物质和成品特性、检测研发、规范和稳定性设置的一部分进行处理。

d）对于异种细胞产品，应提供关于动物（如产地来源、畜牧业、年龄）来源、具体验收标准、预防和监测动物源 / 供体感染的措施、感染性病原体动物试验（包括垂直传播的微生物和病毒）的信息以及动物设施适宜性的证据。

e）对于来自转基因动物的细胞产品，应描述转基因细胞的具体特性。应提供转基因动物的特性和创造方法的详细说明。

f）对于细胞的基因修饰，应适用第 3.2 节指定的技术要求。

g）应描述和证明任何其他物质（支架、母体、设备、生物材料、生物分子和（或）其他成分）的检测方案，这些物质与它们作为组成部分的工程细胞相结合。

h）对于符合医疗器械或有源植入性医疗器械定义的支架、母体和设备，应提供第 3.4 节要求的复合式前沿治疗药品的评估信息。

3.3.2.2 制造过程

a）应验证制造过程以确保批次和过程的一致性，生产和运输直到应用或给药过程中细胞的功能完整性，以及适当的分化状态。

b）如果细胞直接在基质、支架或容器内生长，则应提供关于细胞生长、功能和完整性等培养过程的验证信息。

3.3.2.3 特性和控制策略

a）应提供细胞群和细胞混合物的相关特性信息，包括类别、纯度（例如偶生微生物和细胞污染物）、活力、效力、胞核学、致肿瘤性和用于医疗用途的适宜性等。应证明细胞的遗传稳定性。

b）如果可能的话，应提供关于药品和加工过程相关的杂质以及在生产过程中能够引入降解产物的任何材料的定性和定量信息。杂质的程度测定应得到证明。

c）如果不能对活性物质或成品进行某些释放试验，而只能在关键中间体和（或）过程测试中可进行此类试验，则应证明这一点。

d）生物活性分子（如生长因子、细胞因子）作为细胞药品的组成部分时，应描述它们对活性物质其他组成部分的影响和相互作用。

e）当三维结构是预期功能的一部分时，分化状态、细胞的结构和功能组织以及生成的细胞外基质（如适用）应为这些细胞药品特性的一部分。需要时，非临床调查应当补充物理化学特性描述。

3.3.2.4 辅料

对于基于细胞或组织的药品（比如，输送介质的成分）所使用的辅料，除非存在关于细胞或组织与辅料之间相互作用的数据，否则应适用本附件第 1 部分规定的新型辅料要求。

3.3.2.5 发展研究

发展计划的描述应解决材料和工艺方法的选择问题，特别是应讨论最终配方中细胞群的完整性。

3.3.2.6 参考材料

应记录和描述活性物质和（或）成品的相关 / 特定参考标准。

3.4 含设备的前沿治疗药品的具体要求

3.4.1 第 1394/2007 号（EC）法规第 7 条所述的含设备的前沿治疗药品

应提供药品的物理特性和性能以及药品设计方法的描述。

应描述基因、细胞和（或）组织以及结构成分之间的相互作用和兼容性。

3.4.2 第 1394/2007 号（EC）法规第 2 条第（1）款（d）项所述的复合式前沿治疗药品

对于复合式前沿治疗药品的细胞或组织部分，应适用第 3.3 节制定的体细胞治疗药品和组织工程药品的具体要求。就转基因细胞而言，应适用第 3.2 节制定的基因治疗药品的具体要求。

医疗器械或有源植入式医疗器械可以是活性物质的组成部分。如果医疗器械或有源植入式医疗器械在成品的制造、应用或给药期间与细胞结合，它们应被视为成品的组成部分。

应提供医疗器械或有源植入式医疗器械（活性物质或成品的组成部分）的有关信息，这些信息与复合式前沿治疗药品的评估有关。此信息应包括：

a）医疗器械或有源植入式医疗器械的选择和预期功能以及器械与产品其他组成部分的兼容性的证明信息。

b）医疗器械与欧盟理事会第 93/42/44 号 (EEC) 指令附件 I 规定的基本要求相一致的证据，或有源植入式医疗器械与欧盟理事会第 90/385/445 号 (EEC) 指令附件 I 规定的基本要求相一致的证据；

c）在适用情况下，医疗器械或有源植入式医疗器械遵从欧盟委员会第 2003/32/46 号 (EC) 指令规定的疯牛病 / 传染性海绵状脑病要求的证据。

d）在适用情况下，由鉴定机构依照第 93/42 号 (EEC) 指令或第 90/385 号 (EEC) 指令对医疗器械部件或有源植入式医疗器械部件进行的任何评估结果。

鉴定机构参照本节（d）点进行的评估应根据评估此申请的主管部门的要求执行，并提供依照第 93/42 号 (EEC) 指令或第 90/385 号 (EEC) 指令进行的评估结果的相关信息。这可能包括一致性评价申请所含的信息和文件，该申请在必要时用于评估复合式前沿治疗药品。

4. 关于模块 4 的具体要求

4.1 所有前沿治疗药品的具体要求

由于前沿治疗药品独特而多样的结构和生物特性，本附件模块 4
的第 1 部分关于药品的药理和毒理检测的要求可能并不总是适当
的。以下第 4.1、4.2 和 4.3 节的技术要求解释了本附件第 1 部分
的要求是如何适用于前沿治疗药品的。在适当情况下并考虑到前
沿治疗药品的特点，设置此附加要求。

应讨论非临床发展的基本原理和用于选择相关物种和模型（体外
和体内）的标准，并以非临床概述予以证明。被选动物模型可包
括免疫抑制、淘汰、人源化或转基因动物。应考虑同源模型（例
如小鼠细胞分析）或疾病模仿模型的使用，特别是对于免疫原性
和免疫毒性的研究。

除了第 1 部分的要求之外，应提供成品的所有结构组成部分（如
母体、支架和设备）和任何额外物质（如细胞产品、生物分子和
化学物质）的安全性、适用性和生物相容性。应考虑它们的物理、
机械、化学和生物性能。

4.2 基因治疗药品的具体要求

为了确定适当非临床安全数据所需的非临床研究程度和类型，应
考虑基因治疗药品的设计和选型。

4.2.1 药理学

（a）应提供有关建议治疗用途（即药效的"概念验证"研究）的
体内、体外作用研究，同时使用旨在说明核酸序列达到预定目标
（靶器官或细胞）的模型和相关动物物种，以及提供预期的功能
（表达水平和功能活性）。应提供临床研究的核酸序列功能的持续

时间和建议的给药方案。

(b)目标选择性：当基因治疗药品意欲有选择性或目标限制性功能时，应提供能确定靶细胞功能和活动特异性以及持续时间的研究。

4.2.2 药物动力学

(a)生物分布研究应包括对持久性、许可和动员的调查，生物分布研究应另外解决生殖细胞传播的风险。

(b)脱落和传输到第三方风险的调查应随环境风险评估一起提供，除非在基于有关药品类型的适当申请中已得到适当证明。

4.2.3 毒理学

(a)应评估成品基因治疗药品的毒性。此外，根据药品类型，应考虑活性物质和辅料的个别检测，应评估所表达的、不用于生理功能的核酸序列制品的体内效应。

(b)单剂量毒性研究可和安全药理学及药动学研究结合，例如研究持久性。

(c)当计划对人类使用多剂量时，应提供重复剂量毒性研究。给药模式与方案应密切反映计划的临床剂量。对于单剂量可能会导致人类核酸序列功能拖延的案例，应考虑重复毒性研究。根据基因治疗药品的持久性和预期潜在风险，研究周期长于标准毒性研究。应提供持续时间的证明。

（d）应研究遗传毒性。然而，标准遗传毒性研究仅应在有必要检测特定杂质或输送系统的组成部分时进行。

（e）应研究致癌性。不需要进行标准周期啮齿动物的致癌性研究。然而，根据药品类型，应在体内／体外模型中评估潜在的致癌性。

（f）生殖和发育毒性：应提供对生育和一般生殖功能影响的研究。除非在基于有关药品类型的申请中已得到适当证明，否则应提供胚胎胎儿和围产期毒性研究和种系传递的研究。

（g）其他毒性研究

●一体化研究：应为任何基因治疗药品提供一体化研究，除非相关研究的缺失被证明是科学的。例如，因为核酸序列不会进入细胞核内……对于不能整合的基因治疗药品，如果生物分布数据表明种系传递的风险，则应执行一体化研究。
●免疫原性和免疫毒性：应研究潜在的免疫原性和免疫毒性的影响。

4.3 体细胞治疗药品和组织工程药品的具体要求

4.3.1 药理学

（a）主要的药理研究应足以论证概念验证。应研究细胞药品与周围组织的相互作用。

（b）应确定达到所需效果／有效剂量所需的药品量，并根据药品类型确定给药频率。

（c）由于生物活性分子（除了目的蛋白）可能是分泌物，或目的蛋白可能有不需要的靶位点，因此应考虑进行二级药理研究以评估那些与体细胞治疗药品、组织工程药品或其他物质的预期治疗效果无关的潜在生理影响。

4.3.2 药物动力学

（a）不要求进行吸收、分布、代谢和排泄的传统药物动力学研究。但应进行诸如活力、长寿、分布、生长、分化和迁移等参数的调查研究，除非这些参数在基于有关药品类型的申请中已得到适当证明。

（b）对于体细胞治疗药物产品和组织工程产品，应研究产生具有系统活性的生物分子以及这些分子的分布、持续时间和表达量。

4.3.3 毒理学

（a）应评估成品的毒性。应考虑对活性物质、辅料、其他物质和任何加工过程相关杂质进行个别试验。

（b）观察持续时间可能长于标准毒性研究，应考虑药品的预期生命周期及其药效学和药代动力学特性。应提供此持续时间的证明。

（c）不要求进行传统的致癌性和遗传毒性研究，但药品致癌的可能性除外。

（d）应研究潜在的免疫原性和免疫毒性作用。

（e）对于含动物细胞的细胞药品，应解决相关的具体安全问题，如异种人类病原体的传播。

5. 关于模块 5 的具体要求

5.1. 所有前沿治疗药品的具体要求

5.1.1 第四部分本节中的具体要求是对本附件第 1 部分模块 5 所做规定的附加要求。

5.1.2 前沿治疗药品的临床应用需要特定的伴随治疗，并涉及外科手术，应整体调查和描述治疗过程。应提供临床研发过程中这些程序的标准化和优化信息。

如果在外科手术期间使用医疗器械应用、植入或给予前沿治疗药品，且该器械可能对前沿治疗药品的有效性和安全性产生影响，则应提供这些器械的信息。

应定义应用、植入、给药或执行后续活动所需的专门知识。在必要时，应提供关于这些药品的使用、应用、植入或给药程序的医疗保健专家培训计划。

5.1.3 若在临床研发期间，由于前沿治疗药品的性质导致其制造过程发生更改，则需要进行可比性论证的附加研究。

5.1.4 临床研发期间，应评估来自潜在感染剂或使用来自动物源的材料之风险，以及给出为减少此类风险所采取的措施。

5.1.5 应根据剂量调查研究规定剂量的选择和使用时间表。

5.1.6 建议适应证之有效性应被具有临床意义的预期用途终点的相关临床研究结果所支持。在某些临床条件下，可能需要长期疗效的证据。应提供评估长期疗效的策略。

5.1.7 长期疗效和安全随访策略应包含在风险管理计划中。

5.1.8 对于复合式前沿治疗药品，应在整体上对复合式药品的设计和使用进行安全性和有效性研究。

5.2 基因治疗药品的具体要求

5.2.1 人体药代动力学研究
人体药代动力学研究应包括以下几个方面：

（a）脱落研究，用于解决基因治疗药品的排泄。

（b）生物分布研究。

（c）药品和基因表达部分的药代动力学研究（例如：表达的蛋白质或基因组特征）。

5.2.2 人体药效学研究

人体药效学研究应解决服用基因治疗药品之后的核酸序列的表达和功能。

5.2.3 安全性研究

安全性研究应解决以下几个方面的问题：

（a）复制能力载体的出现。

（b）新品种的出现。

（c）现有基因组序列的重组。

（d）插入诱变引起的肿瘤性增生。

5.3 体细胞治疗药品的具体要求

5.3.1 体细胞治疗药品的作用方式以限定活性分子的产生为基础

对于作用方式是基于限定活性分子产生的体细胞治疗药品，如果
可行的话，应解决这些分子的药代动力学特性（特别是分布、持
续时间和表达量）。

5.3.2 体细胞治疗药品成分的生物分布、持久性和长期植入

在临床研发过程中，应解决体细胞治疗药品成分的生物分布、持
久性和长期植入。

5.3.3 安全性研究

安全性研究应解决以下几个方面的问题：

（a）给药后的分布和移植。

（b）异位移植。

（c）致癌性转化和细胞 / 组织谱系保真度。

5.4 组织工程药品的具体要求

5.4.1 药代动力学研究

传统的药代动力学研究与组织工程药品不相关时，在临床研发过程中应解决组织工程药品成分的生物分布、持久性和降解。

5.4.2 药效学研究

应根据组织工程药品的特性设计和量身定制药效学研究。应提供该药品的概念验证和预期再生、修复或替换的动力学证据，也应考虑提供与预期功能和结构有关的、合适的药效学标记。

5.4.3 安全性研究

适用第 5.3.3 节的内容。

附件 II

A 部分

废止指令并附有后续修正案（参照第 128 条）

欧盟理事会第 65/65 号 (EEC) 指令（OJ 22, 9.2.1965, p. 369/65）

欧盟理事会第 66/454 号 (EEC) 指令（OJ 144, 5.8.1966, p. 2658/66）

欧盟理事会第 75/319 号 (EEC) 指令（OJ L 147, 9.6.1975, p. 13）

欧盟理事会第 83/570 号 (EEC) 指令（OJ L 332, 28.11.1983, p. 1）

欧盟理事会第 87/21 号 (EEC) 指令（OJ L 15, 17.1.1987, p. 36）

欧盟理事会第 89/341 号 (EEC) 指令（OJL 142, 25.5.1989, p. 11）

欧盟理事会第 92/27 号 (EEC) 指令（OJ L 113, 30.4.1992, p. 8）

欧盟理事会第 93/39 号 (EEC) 指令（OJ L 214, 24.8.1993, p. 22）

欧盟理事会第 75/318 号 (EEC) 指令（OJ L 147, 9.6.1975, p. 1）

欧盟理事会第 83/570 号 (EEC) 指令

欧盟理事会第 87/19 号 (EEC) 指令（OJ L 15, 17.1.1987,p. 31）

欧盟理事会第 89/341 号 (EEC) 指令

欧盟委员会第 91/507 号 (EEC) 指令（OJ L 270, 26.9.1991, p. 32）

欧盟理事会第 93/39 号 (EEC) 指令

欧盟委员会第 1999/82 号 (EC) 指令（OJ L 243, 15.9.1999, p. 7）

欧盟委员会第 1999/83 号 (EC) 指令（OJ L 243, 15.9.1999, p. 9）

欧盟理事会第 75/319 号 (EEC) 指令

欧盟理事会第 78/420 号 (EEC) 指令（OJ L 123, 11.5.1978, p. 26）

欧盟理事会第 83/570 号 (EEC) 指令

欧盟理事会第 89/341 号 (EEC) 指令

欧盟理事会第 92/27 号 (EEC) 指令

欧盟理事会第 93/39 号 (EEC) 指令

欧盟委员会第 2000/38 号 (EC) 指令（OJ L 139, 10.6.2000, p. 28）

欧盟理事会第 89/342 号 (EEC) 指令（OJ L 142, 25.5.1989, p. 14）

欧盟理事会第 89/343 号 (EEC) 指令（OJ L 142, 25.5.1989, p. 16）

欧盟理事会第 89/381 号 (EEC) 指令（OJ L 181, 28.6.1989, p. 44）

欧盟理事会第 92/25 号 (EEC) 指令（OJ L 113, 30.4.1992, p. 1）

欧盟理事会第 92/26 号 (EEC) 指令（OJ L 113, 30.4.1992, p. 5）

欧盟理事会第 92/27 号 (EEC) 指令

欧盟理事会第 92/28 号 (EEC) 指令（OJ L 113, 30.4.1992, p. 13）

欧盟理事会第 92/73 号 (EEC) 指令（OJ L 297, 13.10.1992, p. 8）

B 部分

国家法转置时间限制（参照第 128 条）

指令名称	截止日期		指令名称	截止日期
第 65/65 号 (EEC) 指令	1966.12.31		第 89/381 号 (EEC) 指令	1992.1.1
第 66/454 号 (EEC) 指令	—		第 91/507 号 (EEC) 指令	1992.1.1
第 75/318 号 (EEC) 指令	1976.11.21		第 92/25 号 (EEC) 指令	1993.1.1

（续表）

指令名称	截止日期		指令名称	截止日期
第 75/319 号 (EEC) 指令	1976.11.21		第 92/26 号 (EEC) 指令	1993.1.1
第 78/420 号 (EEC) 指令	—		第 92/27 号 (EEC) 指令	1993.1.1
第 83/570 号 (EEC) 指令	1985.10.31		第 92/28 号 (EEC) 指令	1993.1.1
第 87/19 号 (EEC) 指令	1987.7.1		第 92/73 号 (EEC) 指令	1993.12.31
第 87/21 号 (EEC) 指令	1987.7.1 1992.1.1		第 93/39 号 (EEC) 指令	1995.1.1 1998.1.1
第 89/341 号 (EEC) 指令	1992.1.1		第 1999/82 号 (EC) 指令	2000.1.1
第 89/342 号 (EEC) 指令	1992.1.1		第 1999/83 号 (EC) 指令	2000.3.1
第 89/343 号 (EEC) 指令	1992.1.1		第 2000/38 号 (EC) 指令	2001.12.5

附件Ⅲ 对照表

该指令	65/65/EEC	75/318/EEC	75/319/EEC	89/342/EEC	89/343/EEC	89/381/EEC	92/25/EEC	92/26/EEC	92/27/EEC	92/28/EEC	92/73/EEC
第1条第(1)至(3)款	第1条第(1)至(3)款										
第1条第(4)款			附件	第1和第(1)及(2)款							
第1条第(5)款											第1条
第1条第(6)至(9)款					第1条第(2)款						
第1条第(10)款						第1条第(1)款					
第1条第(11)至(16)款			第29b条第1款								
第1条第(17)及(18)款							第1条第(2)款				
第1条第(19)款								第1条第(2)款第2句			

（续表）

该指令	65/65/EEC	75/318/EEC	75/319/EEC	89/342/EEC	89/343/EEC	89/381/EEC	92/25/EEC	92/26/EEC	92/27/EEC	92/28/EEC	92/73/EEC
第1条第(20)至(26)款									第1条第(2)款		
第1条第(27)款			第8条第(1)款								
第1条第(28)款			第10条第(1)款								
第2条	第2条第(1)款										
第3条第(1)及(2)款	第1条第(4)及(5)款；第2条第(3)款第1项										
第3条第(3)及(4)款	第2条第(3)款第2、3项										
第3条第(5)款					第1条第(1)款						
第3条第(6)款						第1条第(2)款					
第4条第(1)款					第1条第(3)款						
第4条第(2)款						第1条第(3)款					
第4条第(3)款第2项	第3条										
第4条第(4)款	第6条										
第5条	第2条第(4)款										

（续表）

该指令	65/65/ EEC	75/318/ EEC	75/319/ EEC	89/342/ EEC	89/343/ EEC	89/381/ EEC	92/25/ EEC	92/26/ EEC	92/27/ EEC	92/28/ EEC	92/73/ EEC
第6条第(1)款	第3条第(1)款										
第6条第(2)款					第2条第1句						
第7条					第2条第2句						
第8条第(1)、(2)款	第4条第(1)、(2)款										
第8条第(3)款第(a)至(e)项	第4条第3款第1至5点	第1条第1款									
第8条第(3)款第(f)至(i)项	第4条第3款第6至8.1项										
第8和第(3)款第(j)至(l)项	第4条第3款第9至11点										
第9条					第3条						
第10条第(1)款	第4条第3款第8.2点										
第10条第(2)款		第1条第2款									
第11条第1至5.3点	第4a条第1至5.3点										
第11条第5.4点	第4a条第5.4点			第3条							
第11条第5.5至6.4点	第4a条第5.5至6.4点										
第11条第6.5点	第4a条6.6点										

（续表）

该指令	65/65/ EEC	75/318/ EEC	75/319/ EEC	89/342/ EEC	89/343/ EEC	89/381/ EEC	92/25/ EEC	92/26/ EEC	92/27/ EEC	92/28/ EEC	92/73/ EEC
第11 条第7 点	第4a 条第 6.5点										
第11 条第 8至9 点					第4条						
第12 条第 (1)款			第1条								
第12 条第 (2)、(3) 款			第2条								
第13 条											第6条 第(1)、 (2)款
第14 条第 (1)、(2) 款											第7条 第(1)、 (4)款
第14 条第 (3)款											第4 条第2 款
第15 条											第8 条
第16 条											第9 条
第17 条	第7 条										
第18 条	第7a 条										
第19 条			第4条								
第20 条			第5条								
第21 条	第4b 条										
第22 条	第10 条第 (2)款										
第23 条	第9a 条										
第24 条	第10 条第 (1)款										
第25 条	第9 条										

（续表）

该指令	65/65/EEC	75/318/EEC	75/319/EEC	89/342/EEC	89/343/EEC	89/381/EEC	92/25/EEC	92/26/EEC	92/27/EEC	92/28/EEC	92/73/EEC
第 26 条	第 5 条										
第 27 条			第 8 条								
第 28 条第 (1) 款			第 9 条第 (3) 款								
第 28 条第 (2) 款			第 9 条第 (1) 款								
第 28 条第 (3) 款			第 9 条第 (2) 款								
第 28 条第 (4) 款			第 9 条第 (4) 款								
第 29 条			第 10 条								
第 30 条			第 11 条								
第 31 条			第 12 条								
第 32 条			第 13 条								
第 33 条			第 14 条第 (1) 款								
第 34 条			第 14 条第 (2) 至 (4) 款								
第 35 条			第 15 条								
第 36 条			第 15a 条								
第 37 条			第 15b 条								
第 38 条			第 15c 条								
第 39 条			第 14 条第 (5) 款								
第 40 条			第 16 条								
第 41 条			第 17 条								
第 42 条			第 18 条								

（续表）

该指令	65/65/EEC	75/318/EEC	75/319/EEC	89/342/EEC	89/343/EEC	89/381/EEC	92/25/EEC	92/26/EEC	92/27/EEC	92/28/EEC	92/73/EEC
第 43 条			第 20 条第 (1) 款								
第 44 条			第 20 条第 (2) 款								
第 45 条			第 20 条第 (3) 款								
第 46 条			第 19 条								
第 47 条			第 19a 条								
第 48 条			第 21 条								
第 49 条			第 23 条								
第 50 条			第 24 条								
第 51 条第 (1) 及 (2) 款			第 22 条第 (1) 款								
第 51 条第 (3) 款			第 22 条第 (2) 款								
第 52 条			第 25 条								
第 53 条											第 3 条
第 54 条									第 2 条第 (1) 款		
第 55 条									第 3 条		
第 56 条									第 4 条第 (1) 款		
第 57 条									第 5 条第 (2) 款		
第 58 条									第 6 条		
第 59 条									第 7 条第 (1)、(2) 款		

（续表）

该指令	65/65/EEC	75/318/EEC	75/319/EEC	89/342/EEC	89/343/EEC	89/381/EEC	92/25/EEC	92/26/EEC	92/27/EEC	92/28/EEC	92/73/EEC
第60条									第5条第(1)款及第9条		
第61条									第10条第(1)至(4)款		
第62条									第2条第(2)款及第7条第(3)款		
第63条第(1)款									第4条第(2)款		
第63条第(2)款									第8条		
第63条第(3)款									第10条第(5)款		
第64条									第11条第(1)款		
第65条									第12条		
第66条					第5条						
第67条					第6条第(1)款						
第68条											第2条第(2)款
第69条											第7条第(2)、(3)款
第70条								第2条			
第71条								第3条			
第72条								第4条			
第73条								第5条第(1)款			

（续表）

该指令	65/65/EEC	75/318/EEC	75/319/EEC	89/342/EEC	89/343/EEC	89/381/EEC	92/25/EEC	92/26/EEC	92/27/EEC	92/28/EEC	92/73/EEC
第74条								第5条第(2)款			
第75条								第6条第(2)款			
第76条							第2条				
第77条							第3条				
第78条							第4条第(1)款				
第79条							第5条				
第80条							第6条				
第81条							第7条				
第82条							第8条				
第83条							第9条				
第84条							第10条				
第85条											第9条
第86条										第1条第(3)、(4)款	
第87条										第2条	
第88条										第3条第(1)至(6)款	
第89条										第4条	
第90条										第5条	
第91条										第6条	
第92条										第7条	
第93条										第8条	
第94条										第9条	

（续表）

该指令	65/65/EEC	75/318/EEC	75/319/EEC	89/342/EEC	89/343/EEC	89/381/EEC	92/25/EEC	92/26/EEC	92/27/EEC	92/28/EEC	92/73/EEC
第95条										第10条	
第96条										第11条	
第97条第(1)至(4)款										第12条第(1)、(2)款	
第97条第(5)款										第12条第(4)款	
第98条										第13条	
第99条										第14条	
第100条											第6条第(3)款
第101条			第29e条								
第102条			第29a条								
第103条			第29c条								
第104条			第29d条								
第105条			第29f条								
第106条第(1)款			第29g条								
第106条第(2)款			第29b条第2款								
第107条			第29h条								
第108条			第29i条								
第109条						第3条第(1)至(3)款					
第110条						第3条第(4)款					

（续表）

该指令	65/65/EEC	75/318/EEC	75/319/EEC	89/342/EEC	89/343/EEC	89/381/EEC	92/25/EEC	92/26/EEC	92/27/EEC	92/28/EEC	92/73/EEC
第111条第(1)款第1、2款			第26条								
第111条第(2)款				第4条第(1)款							
第111条第(3)款			第26条第3款								
第112条	第8条		第27条								
第113条				第4条第(2)款		第4条第(2)款					
第114条第(1)款				第4条第(3)款							
第114条第(2)款						第4条第(3)款					
第115条						第4条第(1)款					
第116条	第11条										
第117条			第28条								
第118条			第29条								
第119条											第4条第(1)款
第120条		第2a条第1款									
第121条		第2b	第37a条								
第122条			第30条								
第123条			第33条								
第124条											第5
第125条	第12条		第31条				第4条第(2)款		第11条第(2)款	第12条第(3)款	

（续表）

该指令	65/65/EEC	75/318/EEC	75/319/EEC	89/342/EEC	89/343/EEC	89/381/EEC	92/25/EEC	92/26/EEC	92/27/EEC	92/28/EEC	92/73/EEC
第126条第1款	第21条										
第126条第2款			第32条								
第127条			第28a条								
第128条	—	—	—	—	—	—	—	—	—	—	—
第129条	—	—	—	—	—	—	—	—	—	—	—
第130条	—	—	—	—	—	—	—	—	—	—	—
附件I		附件									
附件II	—	—	—	—	—	—	—	—	—	—	—
附件III	—	—	—	—	—	—	—	—	—	—	—

译文补充、更正说明

一、英文原文问题补充

（1）"第 2001/83 号（EC）指令——人用药品"第 23a 条内容整体缺失，经过 Google 检索查询到原文并翻译，译文如下：

第 23a 条
授予上市许可之后，上市许可持有人应结合各种许可内容，将人用药品在该成员国的实际上市日期通知批准许可的成员国主管部门。

如果产品在某成员国暂时或永久停止上市，上市许可持有人应通知该成员国的主管部门。除非在特殊情况下，此类通知应在产品中断上市之前不少于两个月进行。上市许可持有人应根据第 123 条第 2 款，向主管部门通报此类行为的原因。

应主管部门的要求，尤其是在药物警戒方面，上市许可持有人应将与药品销量有关的所有数据以及其持有的任何与处方量相关的数据提供给主管部门。

二、英文原文问题修改

（1）"第 2001/83 号（EC）指令——人用药品"第一篇"名词界定"序号有误，原文无序号 14，译文已更正，并顺延。

（2）英文原文"第 1234/2008 号 (EC) 法规——变更"第二章名字过长，现题目为译者根据内容修订的题目。

（3）英文原文"第 1234/2008 号 (EC) 法规——变更"第四章没有命名，放到目录中与整体风格不符，现题目为译者根据内容自拟的题目。

（4）英文原文"第 1234/2008 号 (EC) 法规——变更"附件Ⅲ名字过长，现题目为译者根据内容修订的题目。

名词术语总表

A

ADUFA：Animal Drug User Fee Act,《兽药使用者付费法案》

AGDUFA：Animal Generic Drug User Fee Act,《动物仿制药使用者付费法案》

AMQP：Animal Model Qualification Program，动物模型认证项目

ANDA：Abbreviated New Drug Application，仿制药申请

APEC：Asia-Pacific Economic Cooperation，亚太经合组织

API：Active Pharmaceutical Ingredient，药用活性成分，原料药

B

BARDA：the Biomedical Advanced Research and Development Authority，生物医学高级研究和发展管理局

BE Test：Biological Equivalence Test，生物等效性试验

BIMO：Bioresearch Monitoring，生物研究监测

BLA：Biologics License Applications，生物制品上市许可申请

BPCA：Best Pharmaceuticals for Children Act,《最佳儿童药品法案》

BPD：Biosimilar Biological Product Development，生物类似物产品开发

BsUFA：Biosimilar User Fee Act,《生物类似物使用者付费法案》

C

CBER：Center for Biologics Evaluation and Research，生物制品审评与研究中心

CDC：Centers for Disease Control and Prevention，疾病控制与预防中心

CDER：Center for Drug Evaluation and Research，药品审评与研究中心

CDRH: Center for Devices and Radiological Health, 器械与放射卫生中心

CDTL: Cross Discipline Team Leader, 跨学科审查组长

CEO: Chief Executive Officer, 首席执行官

CFDA: China Food and Drug Administration, 国家食品药品监督管理总局

CFR: Code of Federal Regulation,《美国联邦法规汇编》

CFSAN: Center for Food Safety and Applied Nutrition,
食品安全和应用营养中心

COTR: Contracting Officer's Technical Representative,
合同缔约人员技术代表

CPI: Consumer Price Index, 消费价格指数

CPMS : Chief Project Management Staff, 首席项目管理人员

CR: Complete Response Letter, 完整回复函

CTECS: Counter-Terrorism and Emergency Coordination Staff,
反恐和紧急协调人员

CVM: Center for Veterinary Medicine, 兽药中心

D

DACCM: Division of Advisory Committee and Consultant Management,
咨询委员会和顾问管理部门

DARRTS: Document Archiving, Reporting and Regulatory Tracking System,
文件归档、报告和管理跟踪系统

DCCE: Division of Clinical Compliance Evaluation, 临床依从性评价部

DD: Division Director, 部门主任

DDI: Division of Drug Information, 药品信息部门

DECRS: the Drug Establishment Current Registration Site,
当前药品登记地点

DEPS: Division of Enforcement and Post-marketing Safety,
药品上市后安全与执行部门

DHC: Division of Health Communications, 卫生通讯部门

DMF : Drug Master File, 药品主文件

DMPQ: Division of Manufacturing and Product Quality, 生产及产品质量部

DNP: Division of Neurological Products, 神经类产品部门

DNPDHF: Division of Non-Prescription Drugs and Health Fraud,
非处方药及反卫生欺诈部门

DOC: Division of Online Communications, 在线通讯事业部

DoD: the Department of Defense, 美国国防部

DPD: Division of Prescription Drugs, 处方药部门

DRISK: Division of Risk Management, 风险管理部门

DSB: Drug Safety Oversight Board, 药品安全监督委员会

DSS: Drug Shortage Staff, 药品短缺工作人员

DTL: Discipline Team Leader, 专业组组长

DVA: Department of Veterans Affairs, 退伍军人事务部

E
eCTD: Electronic Common Technical Document, 电子通用技术文件

EDR: Electronic Document Room, 电子文档室

eDRLS: electronic Drug Registration and Listing,
药品电子注册和上市系统

EMA: European Medicines Agency , 欧洲药品管理局

EON IMS: Emergency Operations Network Incident Management System,
紧急行动网络事件管理系统

EOP Ⅰ Meeting: End-of-Phase Ⅰ Meeting, Ⅰ期临床试验结束后会议

EOP Ⅱ Meeting: End-of-Phase Ⅱ Meeting, Ⅱ期临床试验结束后会议

EUA: Emergency Use Authorization, 紧急使用授权

F

FDA: Food and Drug Administration, 美国食品药品监督管理局

FDAA: Food and Drug Administration Act,《食品药品管理法案》

FDAAA: Food and Drug Administration Amendments,
《食品药品管理法修正案》

FDAMA : Food and Drug Administration Modernization Act,
《食品药品管理现代化法案》

FDASIA: Food and Drug Administration Safety and Innovation Act,
《FDA 安全及创新法案》

FD&C Act: Federal Food, Drug and Cosmetic Act,
《联邦食品药品和化妆品法案》

FDF: Finished Dosage Form, 最终剂型

FSA : Federal Security Agency, 美国联邦安全署

FSMA: Food Safety Modernization Act,《食品安全现代化法案》

FTE: Full-Time Employee/Full-Time Equivalence, 全职雇员

FY: Fiscal Year, 财政年度, 会计年度

G

GCP: Good Clinical Practice, 药物临床试验质量管理规范

GDUFA: Generic Drug User Fee Act,《仿制药使用者付费法案》

GLP: Good Laboratory Practice, 药物非临床研究质量管理规范

GMP: Good Manufacturing Practice, 药品生产质量管理规范

GO：Office of Global Regulatory Operations and Policy，
全球监管运营及政策司

GRP：Good Review Practice，药品审评质量管理规范

GSP：Good Supply Practice，药品经营质量管理规范

H

HEW：Department of Health, Education, and Welfare，
美国卫生、教育和福利部，HHS 前身

HHS：Department of Health & Human Services，美国卫生及公共服务部

HPUS：Homoeopathic Pharmacopoeia of the United States，
美国顺势疗法药典

HSP：Human Subject Protection，人体受试者保护

HUDP：the Humanitarian Use Device Program，人道主义器械使用计划

I

IHGT：Institute of Human Gene Therapy，人类基因治疗研究所

IND：Investigational New Drug，新药临床研究，试验性新药

IRB：Institutional Review Boards，伦理审查委员会

IRs：Information Requests，信息请求

M

MAPPs：Manual of Policies and Procedures，政策及程序指南

MCM：Medical countermeasures，医疗措施

MDUFMA：Medical Device User Fee and Modernization Act，
《医疗器械使用者付费和现代化法案》

N

NCE：New Chemical Entity，新化学实体

NCTR：National Center for Toxicological Research，国家毒理研究中心

NDA：New Drug Application，新药上市申请

NDC：the National Drug Code，美国国家药品代码

NF：National Formulary，美国国家处方集

NIH：National Institutes of Health，美国国立卫生研究院

NIMS：the National Incident Management System，

美国国家突发事件管理系统

NME：New Molecular Entity，新分子实体

NLEA：Nutrition Labeling And Education Act，《营养标识和教育法案》

O

OC：Office of Compliance，合规办公室

OCC：Office of the Chief Counsel，首席顾问办公室

OCC：Office of Counselor to the Commissioner，局长顾问办公室

OCET：Office of Counterterrorism and Emerging Threats，

反恐怖和新威胁办公室

OCM：Office of Crisis Management，危机管理办公室

OCOMM：Office of Communication，通讯办公室

OCP：Office of Combination Products，组合产品办公室

OCS：Office of the Chief Scientist，首席科学家办公室

OD：Office Director，办公室主任

ODSIR：Office of Drug Security, Integrity, and Response，

药品安全、完整和响应办公室

OEA：Office of External Affairs，对外事务办公室

OES：Office of Executive Secretariat，行政秘书处办公室

OFBA：Office of Finance, Budget and Acquisitions，
财政、预算和采购办公室

OFEMSS：Office of Facilities, Engineering and Mission Support Services，
设备、工程和任务支持服务办公室

OFVM：Office of Food and Veterinary Medicine，食品及兽药监管司

OGCP：Office of Good Clinical Practice，GCP 办公室

OGD：Office of Generic Drug，仿制药办公室

OHR：Office of Human Resources，人力资源办公室

OIP：Office of International Programs，国际项目办公室

OMB：Office of Management and Budget，美国行政管理与预算局

OMH：Office of Minority Health，少数族裔卫生办公室

OMPQ：Office of Manufacturing and Product Quality，
生产及产品质量办公室

OMPT：Office of Medical Products and Tobacco，医疗产品及烟草监管司

OMQ：Office of Manufacturing Quality，生产质量办公室

OO：Office of Operation，运营司

OOPD：Office of Orphan Products Development，孤儿药开发办公室

OPDP：Office of Prescription Drug Promotion，处方药推广办公室

OPPLA：Office of Policy, Planning, Legislation and Analysis，
政策、规划、立法及分析司

OPRO：Office of Program and Regulatory Operations，
计划和监管运营办公室

OPT：Office of Pediatric Therapeutics，儿科治疗学办公室

ORA: Office of Regulatory Affair, 监管事务办公室

ORSI: Office of Regulatory Science and Innovation,
监管科学和创新办公室

OSE: Office of Surveillance and Epidemiology,
药品监测及流行病学办公室

OSI: Office of Scientific Investigations, 科学调查办公室

OSPD: Office of Scientific Professional Development,
科学专业发展办公室

OSSI: Office of Security and Strategic Information,
安全和战略情报办公室

OUDLC: Office of Unapproved Drugs and Labeling Compliance,
未批准药品和标签合规办公室

OWH: Office of Women's Health, 妇女健康办公室

P

PASE: Professional Affairs and Stakeholder Engagement,
专业事务和利益相关者参与

PASs: Prior Approval Supplements, 事先批准补充申请

PC&B: Personal Compensation and Benefits, 个人薪酬及福利

PDP: Product Development Protocol, 产品开发方案

PDUFA: Prescription Drug User Fee Act,《处方药使用者付费法案》

PMA: Premarket Approval Application, 上市前批准申请

PMDA: Pharmaceuticals and Medical Devices Agency,
日本药品及医疗器械综合机构

PMR: Premarket Report, 上市前报告

PR：Priority Review，优先审评

PR：Primary Reviewer，主审评员

PRA：the Paperwork Reduction Act，文书削减法案

PREA：Pediatric Research Equity Act，《儿科研究公平法案》

R

REMS：Risk Evaluation and Mitigation Strategies，风险评估及缓解策略

RLD：Reference Listed Drug，参比制剂

RPM：Regulatory Project Manager，法规项目经理

S

SEC：The Securities and Exchange Commission，美国证券交易委员会

SPA：Special Protocol Assessments，特殊方案评估

SR：Standard Review，标准审评

T

TL：Team Leader，审评组长

U

USP：U.S. Pharmacopeia，《美国药典》

V

VP：Vice President，副总裁

W

WTO：World Trade Organization，世界贸易组织